仲裁研究

ARBITRATION STUDY

第四十四辑

中国广州仲裁委员会　主办

法律出版社
LAW PRESS·CHINA

仲裁研究(第四十四辑)

编辑部地址:中国广州市沿江中路 298 号江湾商业中心 14 楼、17 楼
邮　编:510100
电　话:(020)83523501、83282846
传　真:(020)83283773
网　址:www. ccarb. org
E-mail:zcyj@ gzac. org

中国广州仲裁委员会简介

中国广州仲裁委员会是1995年《仲裁法》颁布之后最早成立的仲裁机构之一。为更好地服务珠三角经济发展，广仲分别于2005年、2006年在东莞市、中山市设立东莞分会、中山分会。与此同时，广仲自2011年起就着手专业仲裁院的建设，分别成立了金融仲裁院、知识产权仲裁院、广州国际航运仲裁院。

自成立以来，秉承独立、专业的原则，公正、高效地解决民商事争议，随着公信力的不断提升，广仲近年来业务年均增长超过30%，受理案件数量位于全国第一，案件覆盖金融、建设工程、房地产、投资、航运、互联网等各行各业。案件当事人涉及多个国家和地区，如美国、英国、德国、加拿大、澳大利亚、韩国、日本、新加坡和我国港澳台地区等。同时，广仲把握互联网时代脉搏，开拓创新，最先在国内推出网络仲裁平台，实现仲裁全流程线上运行。

广仲积极服务粤港澳大湾区和"一带一路"建设。2012年，广仲设立中国南沙国际仲裁中心，联合港澳仲裁界以南山中心为平台，共同推广国际商事仲裁制度。南沙中心适用最国际化的仲裁通则、最开放的仲裁员名册，同步运行大陆法系、英美法系和内地法律体系的庭审模式，拥有最资深的港澳专家组成的专家咨询委员会。2018年9月3日，由广仲牵头、大湾区城市群的仲裁机构共同倡议的粤港澳大湾区仲裁联盟正式成立，并在南沙设立联盟秘书处。2018年12月，广仲与塞浦路斯广东商会签订合作协议，并于2019年9月正式挂牌成立塞浦路斯仲裁调解中心。

2018年9月29日，广州市第十五届人民代表大会常务委员会第十七次会议表决通过《广州市人民代表大会常务委员会关于促进广州仲裁事业发展的决定》，为广州打造国际仲裁中心提供制度支持和保障。

本会地址：中国广州市沿江中路298号江湾商业中心14楼、17楼

邮编：510100

案件受理咨询电话：(020)83287919　83288547　83283771(传真)

网址：www. gzac. org　www. ccarb. org

欢迎登录中国商事仲裁网

中国商事仲裁网(永久性网址为:www. ccarb. org)正式创办于2005年,其宗旨在于传播仲裁知识,发布仲裁动态,推进仲裁研究,交流仲裁信息,并力图成为国内信息量最大、覆盖面最广,且独具特色的专业化网站。作为广州仲裁委员会2005年的重点建设项目之一,其将与广州仲裁网以及《仲裁研究》一道,为中国仲裁的二次创业提供智力与舆论支持。

网站创建后,根据仲裁发展需要进行了多次改版升级,优化了栏目设置,现网站设有"商界法律新闻""在线仲裁""案例数据库""民商法律问题热点聚焦"等栏目,网站内容既有行业最新信息的及时发布,又有本会相关动态的完整记录;既有针对一般民众的、深入浅出的仲裁基本知识介绍,又有面向专业人士、较高层次的理论探讨。同时,还包含相关法律法规、国际公约、仲裁示范文本等实用信息及网上咨询等互动版块。可谓是寻常百姓、律师、学生、仲裁专业人员等各阶层人士,了解仲裁、研究仲裁的良师益友。

网站自2005年8月28日运行以来,点击率逐步上升,受到仲裁同人、专家学者及关心热爱仲裁人士的好评。可以预期,随着中国广州仲裁委的进一步发展,中国商事仲裁网的建设势必跨上一个新台阶。在此,热切盼望各兄弟仲裁机构、教学研究单位、律师事务所以及关心仲裁事业的各界同人提出宝贵意见,并来信来稿反映仲裁相关信息,为仲裁事业的继续发展壮大而共同努力。

如您有仲裁方面的问题需要咨询,或有其他意见建议和投稿,请来信或拨打网站事务咨询电话:

Email:ccarb@126. com

Tel:(020)83523501、83282846

联系人:徐朝霞、彭经纬

目　录

CONTENTS

探索与研究

《电子数据规则》(学者建议稿)*

刘品新**　王　燃***　卞嘉虹****

内容提要　作为电子商务法的重要组成部分,电子数据规则是将电子数据的特点与证据法学知识进行深度结合的产物。在电子商务法的背景下,完整的电子数据规则主要包括基本原则、电子数据的可采性规则、证明力规则、取证规则、举证规则等内容。电子数据应当享有与传统证据同等的法律地位;不过,相比于传统的证据规则而言,电子数据在可采性规则和证明力规则上都有着特殊之处;电子数据提取时,除特殊情形外,原则上不能改变电子数据的原始状态,同时提取电子数据的原始载体或原件;在举证方面,电子数据应当采取"谁持有,谁举证"为主、"谁主张,谁举证"为辅的举证规则。

关键词　电子数据　电子商务　可采性　证明力　原件规则　取证规则　举证规则

电子商务法是十二届全国人大常委会立法规划项目,全国人大财经委负责牵头起草工作。根据电子商务法立法工作计划,2014 年 10 月前为电子商务法专项课题研究阶段,国家工商总局受全国人大财经委委托承担了"数据电文及电子合同研究"课题的研究,交由中国人民大学杨立新教授的课题组具体撰写。其中,《电子数据规则》(学者建议稿)是其中的一个主要内容。①

考虑到《电子商务法》出台时难以涵盖详细的电子数据规则,现将有关设想、研究内容、建议条款及创新点单列出来,并补充了研究过程中的部分一手资料,以飨读者,恭请各位方家批评指正。当然,本建议稿也可以用于其他部门制定"电子数据规则"时参考。

---

* 本建议稿为杨立新教授主持的国家工商总局课题"数据电文及电子合同研究"的部分研究成果。特致感谢!

** 中国人民大学法学院教授、法学博士。

*** 中国人民大学法学院博士研究生。

**** 中国人民大学法学院硕士研究生、北京海问律师事务所律师。

① 关于本项目结项成果使用"电子数据"概念而不是"数据电文"概念的说明:

"数据电文"(Data Message)与"电子数据"(Electronic Data)是两个密切相关的概念。前者为联合国国际贸法会于 1996 年制定《联合国电子商务示范法》所采用,之后为我国《合同法》(1999 年)和《电子签名法》(2004 年)所直接援引;后者为菲律宾《电子证据规则》(2001 年)等英美法系立法所采用,2005 年我国公安部在制定《公安机关电子数据鉴定规则》率先使用其作为法律术语,之后我国于 2012 年修改《民事诉讼法》《刑事诉讼法》时将其正式吸收入法,均作为一种单独的证据形式。自此,我国法律层面已经选择了"电子数据"的概念。从新的立法背景来看,我国电子商务立法中宜使用同两大诉讼法相一致的术语——"电子数据"。

另外从其外延来看,"数据电文"通常是指电子数据交换、电子邮件、电报、电传或传真等证据(参见《联合国电子商务示范法》的定义,即针对法律关系发生、消灭、变革等的内容证据),而不包括日志文件、文档残余痕迹、网络信息和其他细节信息(参见最高人民法院刑事审判第三庭编著《刑事证据规则理解与适用》第 228 页)。后者从学术上一般概括为附属信息和关联痕迹,它们也具有重要的证据价值。相比而言,"电子数据"的概念能够更好地覆盖附属信息和关联痕迹等部分。基于此,为更好地拟定此类证据的运用规则,课题组也主张使用"电子数据"一词。

一、起草说明

电子数据规则是电子商务立法的核心内容。我国缺乏具体可行的电子数据规则,已成为制约产业发展的一大"瓶颈"。这一状况亟待改变,有识之士在全国两会等许多场合都曾为之呼吁。其实,建立具可操作性的电子数据规则不仅惠及电子商务领域,而且对于有效解决相关民事案件、行政案件和刑事案件亦至关重要。迄今为止国内经过长期探索形成了宝贵的经验,国际上相关的规则提供了可借鉴的资源。课题组立足于中国实践,分析了大量的案例,并参考国际经验,拟定了电子数据规则的条文建议稿、参考例及说明。

(一)总体设想

1. 电子数据规则应立足于我国本土实践,适当借鉴国外立法,充分发挥我国电子商务发展过程中所积累的宝贵经验。

2. 电子数据规则应力求建立一个多层次一体化的法律体系,是刑事、民事、行政电子数据法律规范的合一,而电子商务领域的电子数据问题涵盖其中。

3. 电子数据规则的条文应具有整体性,包含可采性规则、证明力规则、保管和取证规则、示证规则等完整证据规则的主要内容,形成一套关于电子数据的证据规范体系。

4. 电子数据规则要具有适度的超前性和宣示性。技术的发展变化日新月异,电子数据立法适度超前、规定不宜过细,有利于适应司法实践的需要,避免法律的滞后性和僵硬性。

5. 电子数据规则还应具有一定的可操作性。虽然为了避免僵化,规定不宜过细,但结合实践需求,电子数据规则应具有一定的可操作性,为电子商务中的相关各方提供一定的行为指引,也为司法人员在审查认定电子数据时提供一定的依据。

(二)主要研究内容

本课题组的研究内容主要包括:

1. 电子数据规则立法的基本原则;

2. 电子数据的相关概念;

3. 电子数据的可采性规则,主要包括电子数据的关联性、合法性和客观性判断,电子数据的传闻规则、原件规则,以及某些特殊电子数据的可采性规则等;

4. 电子数据的证明力规则,主要包括电子数据的证明力判断标准及推定规则等;

5. 电子数据取证规则,主要包括当事人、律师等获取和保全电子数据的指引以及网络服务商对电子数据的安全保障义务等;

6. 电子数据的举证规则,主要包括举证责任的分配原则及电子数据的举证指引等。

二、建议稿借鉴的外法资源

世界范围内的电子数据规则已经形成一定的规模体系,既有具约束力的国际规范、主权国家立法,也包括示范法等软法性规范。它们的内容集中于电子数据的非歧视性原则、可采性规则、证明力规则、取证规则、举证规则等核心领域。有关法律规则在价值目标与"立法"技术、形式、内容等方面呈现一定的趋同化。

最早是在20世纪八九十年代,国际上启动了有关电子数据的立法工作。这以一些国际组织和主权国家为代表。国际组织的早期立法针对的是电子数据的基础性问题,条款也较为原则,为其他主权国家制定规则提供了模板。英美法系国家偏爱制定与电子数据相关的单独法律，对其传统的证据成文法也进行了相应的修改；大陆法系国家则偏爱于修订诉讼法与实体法典，主要侧重于电子数据的取证规则。

近年来，电子数据的“软法”规范（如“示范法”“适用指南”等）异军突起。它们可以视为宽泛意义上的电子数据规则。这种形式更具有灵活性和针对性，能够对司法实践中专门的电子数据工作进行切实指导，且融技术规则和法律规则于一体。

现列举主要规则如表 1 所示：

表 1　国际上电子数据规则概览

<table>
<tr><td rowspan="7">国际组织层面</td><td colspan="2" rowspan="3">联合国国际贸易法委员会</td><td>《电子商业示范法》（1996 年）之电子数据部分</td></tr>
<tr><td>《电子签名示范法》（2001 年）之电子数据部分</td></tr>
<tr><td>《国际合同使用电子通信公约》（2005 年）之电子数据部分</td></tr>
<tr><td colspan="2">世界贸易组织</td><td>《全球电子商务宣言》（1998 年）之电子数据部分</td></tr>
<tr><td colspan="2">欧盟</td><td>《电子签名统一框架指令》（1999 年）之电子数据部分</td></tr>
<tr><td colspan="2">欧洲委员会</td><td>《网络犯罪公约》（2001 年）之电子数据部分</td></tr>
<tr><td colspan="2">国际商会</td><td>《国际数字签署商务通则》（2001 年）之电子数据部分</td></tr>
<tr><td rowspan="19">有关国家或地区层面</td><td rowspan="12">北美</td><td rowspan="9">美国</td><td>《加利福尼亚州电子证据开示法》（2009 年）</td></tr>
<tr><td>《统一电子交易法》（1999 年）之电子数据部分</td></tr>
<tr><td>《统一计算机信息交易法》（1999 年）之电子数据部分</td></tr>
<tr><td>《全球与国内商务电子签名法》（2000 年）之电子数据部分</td></tr>
<tr><td>《电子证据司法鉴定指南》（2004 年美国司法部发布）</td></tr>
<tr><td>《手机取证指南》（2007 年美国国家标准与技术研究所发布）</td></tr>
<tr><td>《法庭电子证据适用指南》（2007 年美国司法部发布）</td></tr>
<tr><td>《网络犯罪侦查指南》（2007 年美国国家司法机构、标准和技术国家机构和法律执行标准办公室）</td></tr>
<tr><td>《电子犯罪现场勘验指南——快速反应入门》（2008 年美国司法部发布）</td></tr>
<tr><td rowspan="3">加拿大</td><td>《统一电子证据法》（1998 年）</td></tr>
<tr><td>《爱德华王子岛省电子证据法》（2001 年）</td></tr>
<tr><td>《育空省电子证据法》（2002 年）</td></tr>
<tr><td rowspan="4">中南美洲</td><td>牙买加</td><td>《电子交易法》（2007 年）之电子数据部分</td></tr>
<tr><td>危地马拉</td><td>《电子通信和签名承认法》（2008 年）之电子数据部分</td></tr>
<tr><td>尼加拉瓜</td><td>《数字签名法》（2010 年）之电子数据部分</td></tr>
<tr><td>巴拉圭</td><td>《数字签名法》（2010 年）之电子数据部分</td></tr>
<tr><td rowspan="3">欧洲</td><td rowspan="2">德国</td><td>《多媒体法》（1997 年）之电子数据部分</td></tr>
<tr><td>《电子签名框架条件法》（2001 年）之电子数据部分</td></tr>
<tr><td>意大利</td><td>《数字签名法》（1997 年）之电子数据部分</td></tr>
</table>

续表

有关国家或地区层面	欧洲	俄罗斯	《电子商务法》(2001 年)之电子数据部分
			《电子签名法》(2002 年)之电子数据部分
		爱尔兰	《电子商务法》(2000 年)之电子数据部分
		英国	《电子签名条例》(2002 年)之电子数据部分
			《英联邦电子证据示范法(草案)》(2002 年)
			《基于电子计算机的电子证据实用指南》(2009 年英国警官协会及苏格兰警官协会发布)
	亚洲	马来西亚	《数字签名法》(1997 年)之电子数据部分
		新加坡	《电子交易法》(1998 年制定,2010 年修订)之电子数据部分
		印度	《信息技术法》(1999 年制定,2008 年修订)之电子数据部分
		韩国	《电子签名法》(1999 年颁布,2001 年修订)之电子数据部分
		日本	《电子签名与认证服务法》(2000 年)之电子数据部分
		菲律宾	《电子证据规则》(2001 年)
		斯里兰卡	《电子交易法》(2006 年)之电子数据部分
		阿联酋	《电子商务和交易法》(2006 年)之电子数据部分
		尼泊尔	《电子交易法》(2006 年)之电子数据部分
		沙特阿拉伯	《电子交易法》(2007 年)之电子数据部分
		阿曼	《电子交易法》(2008 年)之电子数据部分
		卡塔尔	《电子商务和交易法》(2010 年)之电子数据部分
		印度尼西亚	《电子信息和交易法》(2008 年)之电子数据部分
	大洋洲	澳大利亚	《电子交易法》(1999 年)之电子数据部分
		新西兰	《电子交易法》(2002 年)之电子数据部分
		萨摩耶	《电子交易法》(2008 年)之电子数据部分
		斐济	《电子商务法》(2008 年)之电子数据部分
	非洲	南非	《电子通信与交易法》(2002 年)之电子数据部分
		苏丹	《电子交易法》(2007 年)之电子数据部分
		加纳	《电子交易法》(2008 年)之电子数据部分
		毛里求斯	《电子交易法》(2009 年修正)之电子数据部分
		赞比亚	《电子通信和交易法》(2009 年)之电子数据部分
		卢旺达	《电子信息、电子签名和电子交易法》(2010 年)之电子数据部分
		纳米比亚	《电子交易和通信使用法》(2010 年)之电子数据部分

三、建议稿的主要内容

(一)电子数据的基本原则

基本原则是电子数据规则体系的灵魂,对规则条文的解释和适用起到指导作用。这些基本原则有:"平等对待原则",即赋予电子数据跟书证、物证等传统证据同等的法律地位;"技术中立原则",即对各种信息技术生成的电子数据一视同仁;"意思自治原则",即允许当事人在合法自愿的前提下对电子数据的可采性、证明对象、举证责任等内容作出特别的约定。

(二)电子数据的可采性规则

证据的可采性指何种证据能够被采纳作为认定案件事实的依据,涉及关联性、合法性和客观性方面。与传统证据相比,电子数据在可采性规则方面的特色主要体现在两点:在合法性方面,通过秘密登录当事人电子设备或网络账号获取的电子数据不具有合法性,以及违反强制性规定通过非核证程序和非法软件获取的电子数据不具有合法性;在客观性方面,建议稿为其设立了一系列间接判断规则。

(三)电子数据的原件规则

电子数据应当遵循原件规则。传统观点认为,电子数据原件是指电子数据首先固定于其上的媒介物。但这一做法在实践中行不通。各国立法上采取了"拟制原件说""功能等同法""混合标准说"等新理论。结合我国电子数据的定位及司法实践,通常情况下应当提交电子数据原始载体,在某些特殊情形下也可以提交符合要求的电子数据复制件,后者视同原始载体。

(四)电子数据的证明力规则

对电子数据证明力的判断需要司法人员拥有一定的专业技术知识或经验。建议稿拟定,一方面,司法人员可以综合审查电子数据的生成、存储、传输、获取等环节,判断其是否曾被删改以及证明力大小;另一方面,通过对其他因素的认定来推定电子数据的真实性或完整性。这是正面认定和间接认定的两种规则。

(五)电子数据的取证规则

电子商务中提取和保全电子数据具有一定的特殊性,需要进行一定的指引。建议稿拟定了几项要求:原则上应当采用不改变电子数据原始状态的方法;应当同时提取电子数据的原始载体或原件,有客观困难的可以提取符合条件的复制件。建议稿还对电子数据的司法鉴定、电子公证、档案管理等方面明确了法律要求。

(六)电子数据的举证规则

电子商务各方当事人掌握电子数据的能力和条件严重不对等,难以适用或不完全适用传统民事诉讼中的举证责任分配规则——"谁主张,谁举证"规则。建议稿提出了采取"谁持有,谁举证"为主、"谁主张,谁举证"为辅的举证责任分配规则。此外,建议稿还对举证方式作了特殊拟定。

四、建议稿的条款

第一节　基本原则

电子数据规则基本原则

电子数据具有与传统证据同等的法律地位,不得仅因其为电子形式而被限制或者被剥夺可采性或证明力。

本法不鼓励、推荐或排斥、限制、剥夺基于任何技术生成的电子数据作为证据使用的资格。

电子商务的当事人可以在平等自愿的基础上,对电子数据作为证据的可采性、证明对象、取证方法、举证时限和证据交换、证据提交方式、举证责任分配等进行约定。有关约定符合公序良俗和公平原则、不违反法律和行政法规强制性规定的,人民法院应当予以认可。

第二节　电子数据的可采性规则

电子数据的可采性标准

人民法院在判断电子数据的可采性时,应当结合电子数据的特点,综合审查其关联性、合法性以及客观性。

电子数据的关联性

电子数据对证明案件事实能够产生一定实质性影响的,人民法院应当认定其具有关联性。

审查电子数据的关联性,应当结合待证事实进行审查,必要时可以通过技术手段加以辅助审查。

电子数据的合法性

电子数据的获取应当遵守法定的程序。电子数据在获取过程中具有以下情形之一的,则人民法院应当裁定其不具有合法性:

(一)未经当事人同意,秘密登录其电子设备或网络账号获取的;

(二)通过非法搜查、扣押等方式获取的;

(三)通过威胁、欺骗、引诱等取证方式获取的;

(四)违反强制性规定通过非核证程序获取的;

(五)通过非法软件获取的;

(六)具有其他重大违法情形的。

对于不具有合法性的电子数据,可能导致电子数据失真或严重影响司法公正的,当事人应予以补正或作出合理解释;不能作出补正或合理解释的,人民法院对该证据应当予以排除。

电子数据的客观性

当事人提交的电子数据具有以下情形之一的,人民法院可以认定其具有法律上的真实性,对方当事人有足以反驳的相反证据的除外:

(一)由不利方当事人提交和保管的;

(二)由适格证人出具有效证言的;

(三)有证据证明计算机系统在关键时刻处于正常状态的;

(四)附有电子签名或附加其他适当安全程序保障的;

(五)经鉴定人鉴定未发现篡改的;

(六)正常业务活动中形成的电子数据;

(七)以档案管理方式保管的电子数据;

(八)经公证机关证明其真实性的;

(九)人民法院认可或当事人约定的其他情形。

电子数据的原件规则

直接来自案件事实或原始出处的电子数据是原件。电子数据首次固定所在的存储介质是原始载体。

通过电子再录制的方法或者其他相应技术而产生的电子数据的复本是复制件。电子数据复制件所在的新的存储介质是复制载体。

符合下列条件之一的电子数据复制件,可以视作原件:(1)能够准确地表现电子数据的内容,并可供随时调取查用的;(2)能够可靠地保证自电子数据最终形成时起,内容保持完整、未发生更改的;(3)按惯例进行可信的电子化档案管理而形成的。

在原件缺失或难以取得的情况下,满足下列条件之一的,可以提交复制件,但原件真实性存在疑问或采纳复制件可能导致不公平的除外:

(一)双方当事人均无异议的;

(二)经过公证机关有效公证,不利方当事人无反证推翻的;

(三)附加可靠电子签名或其他安全程序保障的;

(四)该复制件为举证人按合理预期所能得到的最佳证据的;

(五)满足法律另行规定或当事人特别约定的其他标准的。

当事人可以就判断电子数据是否为原件的特殊标准做出约定。

特殊电子数据的可采性

由当事人陈述、证人证言或其他证据所证实的即时电子交谈,具有可采性。对即时电子交谈予以录制的,该录制资料的可采性标准适用前述规定。

通过秘密技术手段获取的电子数据原则上具有可采性,但违反法律禁止性规定的除外。

用于证明当事人品格和行为倾向性的电子数据具有可采性,但当事人有证据证明上述电子数据或其内容系恶意虚构或伪造的除外。

基于科学方法所收集的大数据或作出的大数据分析结果,具有可采性。

域外电子数据的可采性

向人民法院提供的电子数据系在外国获取的,应当履行中华人民共和国与该所在国订立的有关条约中规定的证明手续;我国与该国之间没有公约或条约的,应当履行其他相关的证明手续。

向人民法院提供的电子数据是在我国香港特别行政区、澳门特别行政区、台湾地区获取的,应当履行相关的证明手续。

在境内通过远程取证手段获取处于境外的电子数据,履行与境内取证相同的法律手续。

第三节 电子数据的证明力规则

电子数据的证明力标准

人民法院在对单个电子数据的证明力进行认定时,应当综合审查其真实性、充分性以及完整性,同时考虑待证事实、证据体系等因素,基于自由裁量原则确定其证明力。

电子数据的真实性规则

人民法院在认定电子数据的真实性时,应当结合下述所有因素,考虑电子数据的生成、存储、传送与收集等各个环节,审查该电子数据在上述各个环节是否被增删改,进而作出综合评判:

(一)生成、存储、传递和保存方法的可靠性;

(二)生成、存储、传递和保存的环境要素及相关协议;

(三)电子数据的属性和品质;

(四)用以鉴别发件人方法的可靠性;

(五)可能进入电子系统的人及其对该系统的熟悉程度;

(六)设立密码、电子签名、用户名、账号的电子证据,其密码、电子签名、账号的设立人、使用人、所有人以及该用户名或者账号的使用情况;

(七)传输过程中的解密可能性;

(八)系统硬件是否完好,软件是否可靠,系统运行是否正常,是否受到过病毒等侵袭,存储的资料是否存在被编辑、修改的可能性;

(九)检验报告或鉴定意见书的内容;

(十)复制件制作的方法是否真实完整地反映了原件记载的内容;

(十一)可能对电子数据可靠性产生影响的其他相关因素。

电子数据的真实性推定

当事人提交的电子数据符合以下情形之一的,如果没有足以反驳的相反证据的,人民法院应当推定其具有真实性,法律另有规定或当事人另有约定或推定将导致不公平的除外:

(一)所依赖的计算机系统或其他类似设备,在所有关键时刻均处于正常运行状态,或虽不处于正常状态,但不影响电子数据真实性的;

(二)是由对其不利的一方当事人保存或提供的;

(三)由中立第三方在正常的业务活动中记录或保存的。

对于前款第一项规定的情形,如果对方当事人没有相反证据,人民法院应当推定所依赖的计算机系统或其他设备处于正常运行状态。

电子数据的完整性规则

当事人提交的电子数据自形成之时起,其内容一直保持完整和未予改动的,则具有完整性;对电子数据内容进行的必要添加或其他在正常传递、存储和显示过程中发生的变动,并不影响其完整性。

电子商务中当事人就所涉电子数据的记录或保存约定了相关标准、程序、方法或惯例的,人民法院在认定其完整性时,也应当依照这些标准、程序、方法或惯例。

电子数据的完整性推定

当事人提交的电子数据符合以下情形之一的,如果没有足以反驳的相反证据的,人民法院应当推定其具有完整性,法律另有规定或当事人另有约定或推定将导致不公平的除外:

(一)所依赖的计算机系统或其他类似设备,在所有关键时刻均处于正常运行状态,或虽不处于正常状态,但不影响电子数据完整性的;

(二)由对其不利一方的当事人记录或保存的;

(三)由中立的第三方在正常的业务活动中记录或保存的。

电子数据复制件的证明力

在原件灭失或难以取得的情况下,根据本法规定具有可采性的电子数据的复制件具有与原件同等的证明力,但对方当事人举出足以反驳的相反证据的除外。

电子文书的真实性规则

向人民法院提交电子文书的当事人,应当通过以下方式之一初步证明其真实性:

（一）证明该电子文书的签署者使用了可靠的电子签名；

（二）证明该电子文书的制作使用了符合法律规定的安全程序；

（三）证明该电子文书的制作使用了该人民法院要求的安全程序。

电子数据的证明力判断规则

同一案件事实有若干电子数据证明时，人民法院可以参照以下规则来判断其证明力的大小：

（一）经公证获得的电子数据，其证明力一般大于非经公证获得的电子数据；

（二）在正常业务活动中形成的电子数据，其证明力一般大于为诉讼目的而制作的电子数据；

（三）由不利方保存的电子数据的证明力最大，由中立的第三方保存的电子数据的证明力次之，由有利方保存的电子数据的证明力最小；

（四）由专家出具鉴定意见或者检验报告的电子数据具有较高的证明力；

（五）由核证程序等可靠软件产生的电子数据具有较高的证明力；

（六）使用适格认证机构证书进行电子签名的电子证据具有较高的证明力；

（七）由合法认证机构提供的电子证据，其证明力应高于当事人自行提供的电子证据。

电子数据的采信公式

在评断电子数据的证明力时，人民法院可以使用证明力计算公式作参照。

电子数据的证据体系

审查判断电子数据的证明力，应当从各证据与案件事实的关联程度、各证据之间的联系等方面，综合判断电子数据之间、电子数据与传统证据之间是否形成完整的证据体系。

第四节　电子数据取证规则

电子数据的取证原则

获取、存储和传输电子数据，应当采用不改变电子数据原始状态的方法和程序。

获取电子数据时，应当同时获取电子数据的原始载体或原件。获取原始载体和原件确有困难的，可以以打印、拍照、摄像、拷贝、镜像、刻盘等方式获取能准确反映原件内容、保持完整性并可供随时调取的复制件。

具备条件的，电子数据获取、存储和传输的每一环节都应当记录并存档，以便日后查询。

电子数据的取证方法

当事人获取电子数据，可以自行提取，也可以委托律师或聘请专家提取，还可以申请人民法院调取。公安司法机关或行政执法机关合法获取的电子数据，可以直接用于电子商务案件中。

当事人自行提取电子数据的，可以对提取过程进行同步录像，具备条件的，可以采取适当的技术手段防止电子数据发生篡改。

当事人委托律师进行电子数据取证工作的，律师可以根据案件需要请求网络服务商进行电子数据的固定和提取、聘请鉴定机构进行电子数据鉴定、申请公证机关进行电子数据公证或申请有权机关调取、保全证据等。

网络服务商应当在技术和管理上确保电子数据的原始性、安全性、完整性、准确性、真实性，并保证记录数据为自动生成，加盖公章或附加电子签名予以确认。

网络交易数据等电子数据和资料的保存期限由网络服务商与当事人约定。未约定的，网络交易数据和资料从交易完成之日起至少应当保存两年。法律另有规定的，应按照规定执行。

专家协助电子取证

当事人、律师、公安司法机关、行政执法机关等在获取电子数据的过程中,可以聘请或指定具有专门知识的人进行协助。

电子数据司法鉴定

对于如下专门性的电子数据问题,当事人无法达成一致,或人民法院认为有必要的,应当委托具有鉴定资格的鉴定机构和鉴定人进行鉴定:

(一)电子数据内容一致性的认定;

(二)对各类电子设备或存储介质所存储数据内容的认定;

(三)对各类电子设备或存储介质已删除数据内容的认定;

(四)加密文件数据内容的认定;

(五)对计算机程序功能或系统状况的认定;

(六)对电子数据的真伪及形成过程的认定;

(七)根据诉讼需要进行的关于电子证据的其他认定。

不具有鉴定资质的专家对电子数据进行前述检验的,可以出具相关的检验报告。

电子数据的诉前、仲裁前保全

因情况紧急,在电子数据可能灭失或者以后难以取得的情况下,利害关系人可以在提起诉讼或者申请仲裁前,根据案件情况向电子数据载体所在地、被申请人住所地或者对案件有管辖权的人民法院申请保全证据。

电子公证

公证人员进行电子公证时,应当在公证机构或者专业技术服务机构的工作场所、使用公证机构或者专业技术服务机构提供的设备进行,由于技术条件的限制等客观原因无法实现的,应当对公证所用的电脑或其他电子设备、网络环境进行清洁性检查。

公证人员进行电子公证时,应当制作电子数据的副本并以副本为操作对象,同时封存电子数据原件,保证其原始状态。

在公证过程中应当保证电子数据的完整性,保证电脑系统、辅助软件和分析方法的安全可信;同时详细、如实记录整个公证过程,记录的内容应当真实、客观、准确、完整、清晰,记录的文本或音像应当妥善保存。

电子数据的保管

根据法律规定,电子数据需要予以保管的,有效保管至少应当符合以下条件:

(一)其中所包含的信息可供调取,以备在设定期限内查用;

(二)采用了生成、发送或接收时的原始格式,或者能够准确转换成原始格式的其他格式;

(三)所保存的信息应包括正文内容,以及任何其他必要信息;

(四)主管机关规定或当事人约定的其他条件。

电子文书的档案管理

电子文书的保管者应当自电子文书形成时起进行档案化管理,对任何处理和操作进行不间断的登记,并采取可靠的安全防护技术措施,保证电子文书的可靠性和完整性。电子文书的处理和保存应符合国家的安全保密规定。

第五节　电子数据举证规则

电子数据的举证原则

当事人向人民法院提交电子数据，原则上应当一并提交电子数据所在的电子设备或存储介质。因客观原因不能提交电子设备或存储介质的，应当说明理由。

电子数据举证时应当完整、全面地展示数据内容，可以一并提交附属信息、关联痕迹以及系统环境信息等内容。

电子数据的举证方式

电子数据需要当庭展示的，可以根据电子数据的具体类型，借助多媒体设备出示、播放或者演示。必要时，可以聘请有专门知识的人进行操作，并就相关技术问题作出说明和解释。

当事人向人民法院提交电子数据时，可以在提交电子数据及其载体的同时，将电子数据转化成可直接感知的传统证据提交；对无法直接展示的电子数据，应当附有电子数据属性、功能等情况的说明。

转化举证可以采取以下几种方式：

（一）通过计算机打印输出的方法；

（二）通过计算机读取并处理移动存储介质内电子数据的方法；

（三）将计算机系统本身作为证据，以模拟和演示特定条件下计算机的性能证明计算机系统本身的可靠性；

（四）将计算机系统所带硬盘作为证据，通过计算机读取处理硬盘数据，展示硬盘内容作为证据展示；

（五）上述四种方法的结合使用。

案件中涉及的电子数据数量过多或者形式复杂的，人民法院可以组织庭前证据交换。

电子数据的举证责任

在电子商务案件中，实行“谁持有，谁举证”为主、“谁主张，谁举证”为辅的举证责任分配原则。电子数据依法或依约定由一方当事人保管的，由该方当事人承担举证责任；由第三方保管的，当事人可以请求第三方协助当事人举证，并支付相关费用。

负有保管责任、或有条件接触第三方所保管的电子数据的当事人无法提供电子数据，或者提供的电子数据不足以证明该方当事人事实主张的，由该方当事人承担不利的诉讼后果。

附录　术 语 解 释

电子数据

电子数据是指借助于电子、光学、磁或者类似信息技术生成、修改、删除、存储、传递、获取等一切形式的数据。主要包括电脑文档、手机文档、电子邮件、即时通讯记录、博客、微博、网页历史记录、IP 地址、手机短信、通话记录、传真记录、信令数据、电子签名、电子痕迹等。

电子设备

电子设备是指由电子元器件组成，且借助一定的处理系统用于生产、修改、删除、存储、传递电子数据的设备，主要包括台式电脑、笔记本电脑、平板电脑、掌上电脑、服务器、手机、数码照相机、数码摄像机、打印机、复印机、传真机、电话机、扫描仪、导航仪、路由器、电视机顶盒、手机基站等。

存储介质

存储介质是指数字化存储电子数据及相关信息的介质,包括硬盘、移动硬盘、光盘、U 盘、记忆棒、存储棒等。

电子文书

电子文书是指以电子形式接收、记录、传递、存储、编辑、恢复或生成的法律文书,其依赖计算机等数字设备阅读、处理,用以表明某种法律关系的形成、变更或消灭。

即时电子交谈

即时电子交谈是指电话交谈、文本消息、聊天室交谈、音频材料、视频材料,以及其他没有记录或保存的电子形式交谈。

附属信息

附属信息是指在电子数据产生过程中,应用软件系统同步产生的信息,如文档的创建时间、修改时间、访问时间、保存者、类型、格式等。

关联痕迹

关联痕迹是指产生电子数据的操作软件系统、文档存储系统等同步产生的痕迹,如 Windows 的日志文件、休眠文件、页面文件、删除指针或数据存储规律等。

电子签名

电子签名是指用于识别签名人身份并表明签名人认可其中内容的电子形式的数据。电子签名与手写签名具有同等的法律效力。

核证程序

核证程序是指由法定机关对有关应用软件按一定的标准和步骤进行审核,经审核后符合法律规定的软件即签发相应证书的程序。

非法软件

非法软件是指法律法规规定禁止开发、生产、销售和进口的软件产品,包括:侵犯他人知识产权的,含有计算机病毒的,可能危害计算机系统安全的,不符合我国软件标准规范的,含有法律、行政法规禁止的内容的。

五、建议稿的创新点

1. 以起草一部完整系统的电子数据规则为目标,同时体现对电子商务领域的特殊关注。

2. 体现了电子商务实践中关注性较高的问题,体现了对消费者的侧重保护。例如,通过规定特殊电子证据的可采性规则,确定了网购信用评价等内容具有一定的可采性;通过确定“谁保管,谁举证”为主、“谁主张,谁举证”为辅的举证责任分配原则,降低了电子商务纠纷中消费者的举证难度,同时赋予了网络服务商一定的保管义务。

3. 对电子数据证据的获取和保全作了指引性规定,尤其在目前我国公证业务无法适应电子数据公证需要的情况下,针对电子公证进行了适度超前的较为详细的规定。

4. 提出了依靠公式评断电子数据证明力的思路,以提升证据采信的客观化程度。

Rules of Electronic Data (Recommendations by Scholars)

By Liu Pinxin, Wang Ran, Bian Jiahong

Abstract: As an important part of E – commerce Law, rules of electronic data is the integration of digital data and evidence law. Under the background of the E – commerce law, rules of electronic data mainly include the basic principles, admissibility rules, proof rules, original rules, rules of obtaining evidence and burden of proof. The electronic data should enjoy equal legal status as the traditional evidence. Nevertheless, in terms of admissibility and proof, rules of electronic data are different from the traditional evidence rules. In principle, the electronic data should be obtained and provided with the original state. The burden of proof should be distributed to the one who owns data rather than who claims.

Key words: Electronic Data E – commerce Admissibility Rules Proof Rules Original Rules Rules of Obtaining Evidence Burden of Proof

（责任编辑：贺 晗）

众筹实务与法律风险防范

蒋修贤[*]

内容提要　本文所探讨的众筹是指项目发起人通过互联网平台，在网站上展示其创意或产品，向投资者筹集资金的一种融资方式，对于激发金融市场活力，推动实业经济的发展具有重大意义。然而，众筹融资进入我国不足四年时间，尚处于萌芽探索阶段，存在很多不足和缺失，企业开展众筹融资活动面临很大的风险。本文通过对比众筹与非法集资、P2P等吸收投资行为的区别，梳理我国众筹的现状及有关法律法规，以探究众筹的法律性质，为众筹实务工作人员提示众筹的法律风险与防范措施。

关键词　众筹　法律性质　风险防范

2006年8月美国学者迈克尔·萨利文第一次使用“众筹”（Crowd－funding）一词，其在维基百科中将其定义为：通过互联网向众人筹集小额资金为某个项目或企业融资的做法。众筹，本质上是互联网金融的主要形式之一，特是指项目发起人通过互联网平台，在网站上展示其创意或产品，向投资者筹集资金。其作为一种借助互联网平台进行筹资的新模式，今后将在解决广大企业以及项目发起人的资金短缺问题上发挥着重要的作用，但其运行过程中存在的法律问题也不容忽视。本文旨探讨众筹的相关问题，以促进该新筹资模式的合法有效利用。

一、众筹的特征及与非法集资、P2P等吸收投资行为的区别

（一）众筹主体

众筹主要涉及三方主体，即发起人、支持者和平台。发起人，是指有创造能力但缺乏资金的人即资金的需求者，主要是小企业主、艺术家、设计师等自由职业者；支持者，是指对发起人的创意和回报感兴趣的、有能力支持的人，主要是城市中白领阶层，他们对于新生事物的接受能力较强，且有一定的闲置资金；平台公司，是指互联网平台，展示发起人的创意和资金需求，并给支持者提供一个了解发起人资信、跟踪项目的窗口渠道。

（二）众筹阶段

众筹分为两个阶段。第一个是筹资阶段：发起人通过互联网平台展示自己的创意和资金需求，明确筹资期限和金额。支持者如果对该项目感兴趣，可以通过网上支付的方式向互联网平台指定账户汇出资金，在筹资期限届满前此资金由互联网平台保管。筹资项目必须在发起人预设的时间内达到或超过目标金额才算成功，发起人才可通过平台获得支持者资金。第二个是项目执行阶段：发起人需按照公布的用途和项目计划使用资金。筹资项目执行成功后，支持者将得到

---

[*] 法学硕士，广东广大律师事务所合伙人。

发起人预先承诺的回报，回报方式可以是实物，也可以是服务；如果筹资项目未能按计划完成，发起人需退还支持者汇集的所有资金及利息。所有的资金流入和流出，都需通过平台的账户进行，同时平台负责归集资金并督促发起人及时公开项目进展。

（三）与非法集资、P2P等吸收投资行为的区别

众筹通过互联网平台进行融资，与其他吸收投资行为有着本质上的区别，这里笔者简单阐述与其他吸收投资行为的区别。

1. 与非法集资的区别：众筹所有的项目不能够以股权或是资金作为回报，项目发起人更不能向支持者许诺任何资金上的收益，必须是以实物、服务或者媒体内容等作为回报。对一个众筹项目的支持，属于购买行为，而不是投资行为。

2. 与P2P区别：众筹与P2P的区别在于回报方式不同。众筹主要以产品和媒体内容为主；P2P以利息收益为主。

3. 与团购区别：众筹是指用“团购 + 预购”的形式，团购是现购；而众筹，是预付款，是预备将来必须购买的行为。

4. 与信托区别：信托机构必须具有特殊政府金融许可牌照，且以资金为回报；以“众筹”的方式销售信托，属于违法违规行为。

5. 与私募PE的区别：不以互联网为平台的所谓众筹，实为民间私募。私募基金，在注册、备案、运营等方面须受法律严格约束。如募集资金方式为面向社会大众或募集资金对象数量超过50人，则圈定为非法集资范畴。

二、我国众筹的现状及有关法律法规

众筹在我国市场上发展迅速，2011年7月首家众筹网站“点名时间”上线，标志网络众筹的开始。2011年9月首个具有公益性质的众筹平台“追梦网”上线。随后淘宝众筹、京东众筹也陆续宣布上线，2015年5月蚂蚁达客（上海）股权众筹服务有限公司成立并授牌。目前国内众筹规模迅速增长，2014年第一季度国内众筹网站募集资金额约为5245万元，第二季度达13546万元，第三季度达27586万元。2015年“股权众筹”模式写入政府工作报告，李克强主持召开国务院常务会议中提出：“建立资本市场小额再融资快速机制，开展股权众筹融资试点”。

规制众筹的法律法规也逐渐确立起来，从2008年至现在陆续出台了《关于证券投资基金宣传推介材料监管事项补充规定》《国务院关于鼓励和引导民间投资健康发展的若干意见》《证券投资基金销售管理办法》《中华人民共和国证券投资基金法》《股权众筹融资管理办法（试行）》（征求意见稿），弥补了众筹有关方面的法律空白。此外，民商领域的一些法律法规如《公司法》《证券法》《信托法》《合伙企业法》等对其也有一定的约束作用。

三、我国众筹的法律性质

作为一种新兴的金融融资模式，厘清每一个环节中各个主体之间的民事法律关系，是关系这种金融创新模式能否壮大的根本途径。

从民事法律性质上来讲，众筹相当于附条件的预购合同，此“条件”即为项目的成功与否。如果项目成功，支持者可以较低折扣享受产品或服务；如果项目失败，发起人将返还项目支持资金。

1. 合同成立：发起人通过互联网平台展示自己的创意和资金需求，明确筹资期限和金额，可以视为一种基于建立预售买卖合同的要约。对该项目感兴趣的支持者,通过网上支付的方式向互联网平台指定账户汇出支持资金,可以视为承诺,即愿意支付资金购买预期的产品或服务。支持者的资金一旦汇出,则发起人和支持者之间的买卖合同关系即正式成立。

2. 附条件生效:如发起人能在规定的时间内筹集确定的金额,这个条件即成就。《合同法》第45条规定:当事人对合同的效力可以约定附条件。附生效条件的合同,自条件成就时生效。

3. 合同执行:筹资平台起到了中间服务商角色。支持者的资金不是由平台公司所有,平台只起到监督和保管的作用。平台公司大多从发起人获得的筹集资金中抽取10% ~20%的服务费,性质类似于中介服务费。平台公司服务费,明确在项目筹资成功阶段即视为完成服务,如服务是涵盖项目执行成功,对发起人使用以及过程中具有监督责任,可采用分段收费。

四、众筹法律红线及风险防范

法律是最底线的道德标准,任何一项商业活动,如果触及了法律的底线,都将是如履薄冰,寸步难行。投资者保护是资本市场的永恒主题,也是监管的核心,我国法律目前是比较倾向严格保护投资者,防范和打击比较突出的非法集资等行为。众筹为互联网金融的新模式,与我国传统的融资法律体系产生了不适性,暗藏较大的法律风险。

(一)触犯刑法的风险

第一个罪名:非法吸收公众存款罪。

《刑法》第176条规定:非法吸收公众存款或者变相吸收公众存款,扰乱金融秩序的,处……单位犯前款罪的,对单位判处罚金,并对其直接负责的主管人员和其他直接责任人员,依照前款的规定处罚。

《最高人民法院关于审理非法集资刑事案件具体应用法律若干问题的解释》(法释〔2010〕18号)第1条规定:违反国家金融管理法律规定,向社会公众(包括单位和个人)吸收资金的行为,同时具备下列四个条件的,除刑法另有规定的以外,应当认定为刑法第一百七十六条规定的“非法吸收公众存款或者变相吸收公众存款”……未向社会公开宣传,在亲友或者单位内部针对特定对象吸收资金的,不属于非法吸收或者变相吸收公众存款。

《刑法》第176条和最高人民法院18号司法解释,就是一把悬在众筹发起者和运作平台之上的达摩克利斯之剑,众筹模式要避免涉嫌刑事违法犯罪最重要的一点就是规避18号司法解释其中的第(三)点,即不能承诺在一定期限内以货币、实物、股权等方式还本付息或者给付回报。如果按字面理解,只要是用实物予以回报,均可能构成违法。

第二个罪名:集资诈骗罪。

根据《刑法》第192条规定:以非法占有为目的,使用诈骗方法非法集资,数额较大的……并处5万元以上50万元以下罚金或者没收财产。

根据《最高人民法院关于审理诈骗案件具体应用法律的若干问题的解释》第3条规定:……具有下列情形之一的,应当认定其行为属于“以非法占有为目的,使用诈骗方法非法集资”:……具有其他欺诈行为,拒不返还集资款,或者致使集资款无法返还的。

项目发起人需按照公布的用途和项目计划使用资金,在过程中应按照众筹的规则公示,如果项目失败则应进行款项退还工作。如果存在以莫须有的项目进行圈钱,或者取得筹集的资金后却肆意挥霍,则可能涉嫌集资诈骗犯罪。

(二)风险防范务实案例

案例一:涉嫌非法集资

2013 年,宜信重庆、汇中等五家从事 P2P 业务的众筹平台因涉嫌非法集资,被监管部门要求限期整改并清退现有债权债务。

宜信等平台先由其内部成员通过资金出借获得债权,再把获得的债权进行拆分组合,包装成理财产品通过平台向公众出售,其构建资金池的行为使平台成为没有牌照的网上银行,背离了互联网金融应有的模式。

最高人民法院司法解释认定个人非法吸收或者变相吸收公众存款数额在 20 万元以上的,单位非法吸收或者变相吸收公众存款数额在 100 万元以上的,或者个人非法吸收或者变相吸收公众存款对象 30 人以上的,单位非法吸收或者变相吸收公众存款对象 150 人以上的,均应追究刑事责任。

中国的众筹网不仅处于一般违法状态,而且许多项目筹集的资金或者人数达到了司法解释的下限,项目发起人与众筹平台均面临刑事犯罪风险。

案例二:涉嫌非法公开发行证券

2013 年,北京美微传媒在淘宝以销售“美微传媒凭证登记式会员卡”的形式销售公司原始股,持卡者即成为公司原始股东,该次募集有 1191 名会员认购了美微股权,共募得资金 81.6 万元。由于美微的行为已违反《公司法》《证券法》等法规构成“非法证券活动”,后受到证监会关注,被迫下架。

《证券法》第 10 条规定:“公开发行证券,必须符合法律、行政法规规定的条件,并依法报经国务院证券监督管理机构或者国务院授权的部门核准;未经依法核准,任何单位和个人不得公开发行证券。有下列情形之一的,为公开发行:(一)向不特定对象发行证券的;(二)向特定对象发行证券累计超过二百人的;(三)法律、行政法规规定的其他发行行为。非公开发行证券,不得采用广告、公开劝诱和变相公开方式。”

众筹平台在募集资金过程中毫无疑问是面对不特定对象,且人数往往超过 200 人,很容易触犯上述非法公开发行证券的规定。

案例三:代持股的法律风险

部分股权式融资平台的众筹项目以融资为目的吸收公众投资者为有限责任公司的股东,一些众筹网站往往建议对出资者采取代持股的方式来规避股东人数的限制,如造成负面社会影响,仍可剥离这个形式,以非法集资追责。

2011 年最高人民法院颁布《关于适用〈中华人民共和国公司法〉若干问题的规定(三)》中第 25、26 条对于股权代持问题作了专门的规定。这两项规定明确了股权代持协议的合法地位,但是并未明确实际投资人的合法股东地位。

(三)众筹平台的其他法律风险

(1)出资人的资金通常先注入平台所设账户。虽然有的网站宣称此属托管的第三方账户(如“大家投”与兴业银行合作的投付宝),但此类账户多受众筹平台掌控,众筹平台本身并未获得批准从事吸收资金的资格,涉嫌设置资金池,而一旦营运出现问题或平台实际控制人出现道德风险,目前并无避免平台控制人卷款跑路的有效措施,则平台控制人可能构成《刑法》第 192 条规定的集资诈骗罪。

(2)针对项目发起人的违约行为,由于项目发起人、众筹平台和支持者分处异地、诉讼成本高企等因素,众筹平台往往只能将项目发起人列入黑名单、在网上给予公示,惩处力度比较有限。在此过程中,项目发起人如有不兑现承诺的故意,以及项目发起人非法或者不当使用筹集的资金,涉及金额达到一定数目时,则项目发起人涉嫌集资诈骗罪。

另外,还存在侵犯他人知识产权、故意虚构项目等风险。

五、结语

众筹是一种新型的筹资方式,其通过互联网平台为企业及项目发起人筹集更多的资金。随着市场经济的不断发展,企业不断增多、创业项目琳琅满目,众筹发挥的作用也将越来越大,但是众筹融资也存在滥用的可能,特别是现在还缺乏有效监管的环境下,众筹资金遭到滥用的可能性很高。众筹平台的开放性质决定了难以避免创意被抄袭的风险,这也涉及项目的声誉影响、知识产权保护、投资者保护等问题。此外,在国内众筹面临的法律风险也很大,可能涉嫌触碰“非法集资”“非法吸收公众存款”“合同诈骗”“非法发行证券”等法律红线。目前,众筹相关的立法在不断完善中,相信在法律的规制下,众筹将会更好的发挥其筹资作用,为发起人、支持者及平台创造一个有序的合作模式,促进经济的发展。

The Practical Research and the Law Risks Prevention of Crowdfunding

By Jiang Xiuxian

Abstract: Crowdfunding which refers to in this article means method an initiator of some projects shows his creation or products to investors and raise money from them by the way of online platform. Crowdfunding has important implications for promoting the development of financial markets. However, Crowdfunding still has its shortcomings and remains discovering and developing for less than four years formation, so there exists lots of risks when companies carry out crowdfunding. This article comparing the difference of crowdfunding and P2P, illegal fund - raising, expounding the status quo and relevant laws in China, who expects to remind those stuffs devoted themselves to crowdfunding law risks and provide them some precautionary measure, and explore the legal nature of crowdfunding incidentally.

Key words: Crowdfunding　Legal Nature　Risks Prevention

(责任编辑:钟晓东)

自杀免责期间规范之检视

——我国《保险法》第44条之反思与重构

康　鹏*

内容提要　作为公共政策选择之自杀免责期间制度，在利益“拔河”中有所偏失，以致矫枉过正，过度防范，实有自杀“倒逼”机制之嫌。其作为利益衡平之技术手段，形式正义色彩浓厚，无法充分发挥人身保险“保生保死”、安定抚慰之效用。是故，为增加其内部张驰度，除去区分僵性，应对其局部性重构：去除复效后自杀免责期间重新计算之规定，采复效不重新计算自杀免责期间之做法；抛弃“一刀切”的僵性区分，改采“原则＋例外”的道德风险推定模式。以期充分发挥制度之效用，彰显法律之技术与关怀。

关键词　自杀免责期间　自杀条款　复效　可保性

一、问题的提出

保险是应对或然性风险的风险转移机制，实现理性风险负担的重要途径。[①] 基于危险理论，我国现行《保险法》第44条自杀免责期间规范之设计，[②]在于接洽保险“除外不可保期间”，通过技术手段达成区分道德风险与可保风险的目的，使“自杀”行为纳入保险可评价的区间。通过期间的区分，为自杀可保性、举证责任的分配及“新旧念”的区隔提供了客观技术支持，实为当事人利益衡平的一大进步。但细究我国现行《保险法》第44条之规定，亦有值得探究之地方，其规定自合同复效后重新计算2年自杀免责期间，且道德风险之判定，以2年的数字期间经过为绝对化判断标准。意在防范道德风险的技术规范，在合同复效后重新计算2年的免责期间，未免矫枉过正，过度防范，打破了公共政策选择之平衡。

“自杀条款”虽为保险中的一大创举，但复效中的自杀免责期间计算问题及道德风险推定问题，却并未达到与“自杀条款”同样的开创性与完满性的程度。对于自杀免责期间的规范设计，应在充分认识以下几个方面的基础上把握，以期达到制度价值与体系构造的内在统一性：第一，自杀行为可保性的法理为何？第二，现行自杀免责期间的问题为何？第三，自杀免责期间规范的反思与重构。鉴于此，笔者拟尝试运用法理学、比较法学及法解释学的方法对此进行探究，以期提出解决方案。

---

* 武汉大学法学院2017级民商法硕士研究生。

① 邹海林：《保险法学的新发展》，中国社会科学出版社2015年版，第247页。

② 《保险法》第44条规定：“以被保险人死亡为给付保险金条件的合同，自合同成立或者合同效力恢复之日起二年内，被保险人自杀的，保险人不承担给付保险金的责任，但被保险人自杀时为无民事行为能力人的除外。保险人依照前款规定不承担给付保险金责任的，应当按照合同约定退还保险单的现金价值。”

二、公共政策的选择：安定被保险人遗属与平衡保险人利益

保险保障的是不确定的风险，不确定性是判定某一风险可保性的重要标准，对于因"故意"而引发的事故，通常不会被保险所涵盖。但法律关系实质上所调整的为人与人之间的关系，在原则之外，通常包含有例外情形。基于公共政策之考量，也会将一定的目的纳入法律规范当中，进而衡平法律关系当事人之间的利益关系。

（一）自杀可保性之确立

从保险本身的性质来看，自杀属于被保险人故意造成的事故，在此意义上而言，自杀并不在保险承保范围之内。固是，自杀条款并非自始就具有适用的空间。从刑罚思想肇始的"自杀即犯罪"及"犯罪人不能从自己的犯罪行为的后果中得到保险补偿"，[①]到"危险之偶发性"理论，自杀在保险制度中均无法找到保险保障的理论土壤。但随着社会的进步，人身保险的功能愈发受到重视，人道主义的思潮逐渐影响到社会公共政策的选择。人身保险具有强烈的社会功能，被保险人虽然在保险法律关系中具有重要地位，但不能以此忽略被保险人遗属的生存问题。若因被保险人一人之自杀行为，使其丧失可保性，而造成受益人或者被保人遗属孤苦伶仃地苟活，基本生存都无法得以保障，则与保险制度本身的制度价值背道而驰。职是之故，将此种虽不符合危险或然性性质但极具特殊性的自杀行为纳入保险可保障的范畴中去，具有较深的社会价值和公共效应。

（二）保险人利益之平衡

确立自杀行为之可保性，所带来的直接负效应就是对保险人利益的不当干涉，极易打破保险人与投保人之间法律关系的平衡。虽然保险保障的是不确定的风险，但并不意味着保险法律关系双方当事人之间的权利义务关系是不确定的。双方基于意思自治而缔结的保险契约，在协商一致的范畴内达成双方的对价平衡。

但就保险理论上而言，将此种故意行为纳入可保范围的做法，最大的弊端不在于对价平衡被打破的可能性，而在于道德风险的刺激与助长。保险中的对价平衡，虽有民法中最宽泛的公平的含义，但其所谓的对价平衡，是一种客观等价，是一种基于数理统计与概率论等技术手段产生的精算层面的数理公平，而非通常所谓的主观等价。[②] 虽然自杀行为的纳入，使得不确定的承保风险会受到被保险人故意行为的干涉，但是只要保险人在进行风险计算之时，将自杀的风险纳入保费的厘定因素中去，则基于保费与保障风险之对应性，保险法律关系当事人之间的对价平衡关系并不会被打破。从保险实践来看，20 世纪初美国学者便提出，自杀构成了死亡率的一个重要基数，也即在保险费率的计算中，自杀已经是其费率的计算基准。[③] 就精算层面的数理公平而言，确立自杀的可保性，并不会影响到保险中的对价平衡关系。对于故意这样的主观状态，隐藏在人的思维活动中，外界对于故意的获取，往往需要极大程度地借助自杀行为人的客观行为，但此种主观状态在被保险人特定目的的影响下，会被极大程度地隐藏。对于被保险人的死亡事实，是否属于恶意自杀，外界难以界定。这种技术层面的不可操作性，给被保险人"以死换钱"大开方便之

---

① Ivamy, General Principles of Insurance Law, 2th. ed., London, 1970, p. 228.

② 武亦文、杨勇：《保险法对价平衡原则论》，载《华东政法大学学报》2018 年第 2 期。

③ ［美］肯尼思·布莱克、哈罗德·斯基珀著：《人寿保险》（上册），洪志忠等译，北京大学出版社 1999 年版，第 150～151 页。

门,蓄意自杀以换取保险金的企图得以实现,道德风险发生的概率极大增长。虽然人身保险有安定遗属之社会功能,但在技术条件并不能支撑判定“无奈自杀”与恶意骗保的前提下,单纯将自杀纳入可保范围,而没有配套的制度运行规范,将会使保险人的利益极不稳定,受到不确定性侵害的可能性极大。

(三)公共政策的选择:自杀免责期间的技术处理

一方面,自杀具有可保性是社会进步的一个必然要求,从安定遗属、稳定社会的层面上来讲,其彰显了法律的人文精神。另一方面,自杀具有可保性所带来的道德风险问题却得不到自然技术的有效解决。安定被保险人遗属与平衡保险人利益之间,须寻求一个平衡点,自杀免责期间制度应运而生。

自杀免责期间是利益衡平的结果,是保险法律关系当事人之间利益冲突后的一种理智妥协,以达到被保险人团体利益与个人利益的最大化实现。[①] 自杀免责期间,即以一定的社会样本为基础,技术化地设定一个法定期间,通过期间的经过与否来判定是否属于道德风险的范畴,以判定被保险人自杀行为是否具有可赔性。即将在免责期间发生的自杀认定为除外责任,对于免责期间外发生的自杀,因为经过了基于经验法则而设定的道德风险发生时间,将其认定为可保风险。[②] 自杀免责期间将自杀行为的经验法则纳入到保险的基准因素中,并以此期间作为费率计算的元素,较为圆满地实现了安定被保险人遗属与平衡保险人利益的目的,充分彰显了规则的社会正效应。

三、矫枉过正:道德风险的过度防范

自杀免责期间这一充分安定被保险人遗属与平衡保险人利益的制度,在各国的法律体系中,均是重要的一环。我国《保险法》第 44 条第 1 款亦规定了自杀免责期间,即“以被保险人死亡为给付保险金条件的合同,自合同成立或者合同效力恢复之日起二年内,被保险人自杀的,保险人不承担给付保险金的责任,但被保险人自杀时为无民事行为能力人的除外。”但对于我国的自杀免责期间的规定,应做拆分,予以区分评析。

(一)自合同成立之日起的自杀免责期间

保险法律关系的产生,源自基于合意的保险契约。经要约承诺而成的契约,对双方当事人均产生法律约束力,亦为双方保险法律关系之始。自杀具有可保性的直接负效应为道德风险的发生,体现为以自杀骗取保险金之行为。为谋取保险金而自杀的想法以产生时间为标准,可分为“新念”与“旧念”,前后两者分别存在于保险合同订立之前与之后。[③] 从时间的迁移性上来看,道德风险最易产生于订立保险合同之前,也即“旧念”的情形下,保险人的利益最易受到侵害。为了充分应对当事人以谋取保险金而订立保险合同的不道德行为,将自杀免责期间从合同成立之口起开始计算,有利于将此种为谋取保险金而自杀的行为隔绝在道德风险期,阻却恶意自杀的可能性。而设定自杀免责期间为 2 年,是参考社会经验法则所得到的结果。从普世的价值来看,自杀是一个极为痛苦的抉择,一个理性正常人,不会有自杀之倾向。同时,从自杀想法的萌生到自杀

---

① 樊启荣:《人寿保险合同之自杀条款研究——以 2009 年修订的〈中华人民共和保险法〉第 44 条为分析对象》,载《法商研究》2009 年第 5 期。

② 芦红:《人寿保险合同中的自杀问题研究——评析新修订的〈保险法〉第 44 条》,载《法制与社会》2010 年第 24 期。

③ 樊启荣:《保险法诸问题与新展望》,北京大学出版社 2015 年版,第 386 页。

的最终实施,通常不会有太长的时间间隔,时间是缓解剂,可以持续地冲淡自杀的意志与决心。[①]从这一层面而言,将自杀免责期间的起算点设定为合同成立之事合情合理。

(二)自合同效力恢复之日起的自杀免责期间

我国保险法中自杀免责期间是自合同成立之日起的2年,或者自合同效力恢复之日起的2年,也即人身保险合同复效后,自杀免责期间自合同复效之日起重新计算2年。学界多以"保险实务的习惯做法"或"防止被保险人重起自杀念头而逆选择"为由,论证复效后重新计算的合理性。[②] 但笔者认为,上述理由不足以支撑自杀免责期间在复效时的重新计算,实有矫枉过正、过度防范之嫌。

1."习惯做法"不等于"应然做法"

从《民法总则》的规定来看,习惯可以是法源,不可否认,习惯在司法实践当中的确起着很大的作用,甚至出现特定情况下习惯置换制定法的情形。[③] 但习惯并不必然是法源。所谓习惯,是指"在长时期里逐渐养成的、一时不易改变的行为、倾向或社会风尚"。单个个体习惯是"单元事态",而群体习惯则是"连续存在的群体"中成员经过长期博弈,形成的均衡形态。[④] 但要指出的是,此处的"习惯做法"应与"惯例"具有相同内涵,而非传统意义上的"习惯"之含义。在保险法律关系当中,惯例与习惯应当有严格区分,惯例是具有约束力的经常性做法,区分二者更利于界定保险法律关系当事人之间的法律关系,以免不具有约束力的习惯架空具有约束力的保险惯例,使得保险惯例受有不公平之对待。[⑤] 保险惯例相较于习惯而言,更具有值得推崇的价值和空间。

从自杀免责期间在复效后重新计算的问题来看,虽然其在保险实践中成为一个惯例,但是要明确的是,惯例的生成也是利益冲突的结果,此种冲突的结果未必是利益衡平的结果。在社会关系发展的过程中,会生成诸多习惯与惯例,每一个习惯与惯例背后,均是利益的一次博弈,也就意味着,在单个的习惯与惯例中,利益大小各异。势必,不同主体基于自身在社会中的强弱地位,会选取最大限度上于己有利的个体,而抛弃其他同类习惯或惯例,也即选择性适用或竞争性运用。[⑥]在被选择性适用的惯例中,我们不能单纯以"存在即合理"的思维进行推导。在自杀免责期间复效重新计算的背后,是保险人利益的最大限度保障,与保险公司和其他保险当事人、关系人所处的不均衡地位有关,因为在保险关系中,保险人通常处于强势地位。鉴于此,基于强弱地位而选择性适用的个体规则,虽然发展成为行业之惯例,但并不能因此认定,此惯例合乎保险法律关系的基本价值。"习惯做法"并不等同于"应然做法"。

2.被保险人逆选择之认识误区

另一主要理由认为,保险合同复效后重新计算自杀免责期间有利于防范被保险人重起自杀观念而逆选择之不道德行为。即在预防被保险人在效力中止期间再次产生自杀的想法,基于谋

① 陈顾远:《保险法概论》,台北,正中书局1965年版,第266页。

② 温世扬主编:《保险法》,法律出版社2007年版,第153页;王林清:《保险法理论与司法适用:新保险法实施以来热点问题研究》,法律出版社2012年版,第559页。

③ 苏力:《中国当代法律中的习惯——从司法个案透视》,载《中国社会科学》2000年第3期。

④ 韦森:《经济学与哲学:制度分析的哲学基础》,上海人民出版社2005年版,第174页。

⑤ 方志平:《论保险惯例:以商业车险条款为中心》,载《中外法学》2012年第3期。

⑥ 苏力:《法律规避和法律多元》,载《中外法学》1993年第6期。

取保险金的目的而使合同复效，无疑助长道德风险。[①] 笔者认为，此种逻辑未免牵强。

第一，复效效力之透视。较于"习惯做法"的理由，自杀免责期间重新计算的更重要原因在于其与复效条款相衔接，此种衔接使得重新计算形式上有了重新计算的"样貌"。关于复效之效力，首先要讨论的是复效之性质。关于复效合同之性质，学界存有不同的学说：其一，与原合同同一说，复效后的合同与中止前的合同具有同一性，复效是使效力暂时停止的合同恢复效力。[②] 其二，新合同说，复效后的合同与中止前的合同虽然在形式和内容上并无差异，但是在本质上存在区别。复效后的合同是投保人与保险人新的意思表示一致的结果，属于一份全新的合同。[③] 其三，新、旧合同否定说，复效既不是旧合同也不是新合同，而是双方当事人之间就恢复停效合同达成一致，复效的关键在于符合法律规定的复效条件和程序。[④] 笔者认为，关于复效合同之性质认定，应以法律规范为基础，在文义解释的基础上进行理解。对条文的理解，首先需要进行文义解释，再在此基础上综合运用多种解释方法进行解读。基于此，法律规范的文义是区分法的续造的一个重要标准。对条文进行理解，应在文义解释上进行理解，若直接跳出文义解释的范畴弥补"法律漏洞"，实为超越法律的法的续造。[⑤]《保险法》第 44 条第 1 款规定"合同效力恢复之日起二年内"，采用了"恢复"一词。依据文义解释，可以清楚得出"恢复，即为回到之前应有的状态"之意，并且不存在两种及两种以上的合理解释，不会运用到其他解释方法对条文进行解读。鉴于此，复效合同采原合同说并无不当。既然复效合同为原合同，则复效所发生的法律后果是原合同处于持续存续的状态，保险法律关系如同未发生过效力中止一般。自杀免责期间作为订立合同时防范被保险人道德风险之技术手段，将其设置为合同订立之日起 2 年有极大的合理性，但此 2 年期间经过之后，其已经丧失存在的合理性，否则将与自杀免责期间的价值相悖。基于复效合同之原合同性质，复效之后的合同，若已经经过了自合同成立之日起的 2 年期间，则没有再重新计算 2 年自杀免责期间的法理基础，《保险法》第 44 条之规定实有不妥。

第二，被保险人逆选择的情理悖论。关于复效自杀免责期间重新计算的现有逻辑是：保险合同效力中止—中止期间被保人产生自杀念头—使合同复效—发生道德风险、谋取保险金。笔者认为，此种逻辑并未充分考虑到合同效力非正常发展的前因关系，视野较为片面。首先，该观点忽略合同效力中止之前因。人身保险合同具有长期性的特征，并且具有储蓄性质和返还性，具有极强的保障作用，是被保险人非常重要的保障方式。[⑥] 试想，对于如此重要的保障和储蓄方式，从一个理性人的标准来看，在正常情况下均不会轻易放弃维持合同的效力，除非万不得已。其次，在遇到万不得已的情况之下，若被保险人产生谋取保险金之想法，正常逻辑是尽力维持保险合同之效力，只要在合同成立之日起的 2 年开外，便具有谋取保险金之高度可能性，且从受益人举证等各项实务操作层面而言，均具有便捷性。职是之故，笔者认为，现行自杀免责期间复效重新计算的规定，有加速死亡风险发生之可能，实为自杀之"倒逼"机制。试举一例，被保险人 A 因股市动荡，陷入财务危机而负债累累，人身保险本为 A 自我保障的长期机制，每期缴纳的保费亦数额

① 刘宗荣：《新保险法：保险契约法的理论与实务》，台北，三民书局 2007 年版，第 476 页。
② 温世扬主编：《保险法》，法律出版社 2007 年版，第 148～149 页。
③ 陈欣：《保险法》，北京大学出版社 2010 年版，第 125 页。
④ 董彪：《保险法判例与制度研究》，法律出版社 2012 年版，第 238 页。
⑤ 彭婧：《法律的漏洞和法的续造——读拉伦茨的〈法学方法论〉》，载《科教文汇》（上旬刊）2008 年第 1 期。
⑥ 贾林青：《保险法》，中国人民大学出版社 2009 年版，第 224 页。

巨大,A 本想通过中止保险合同效力从而回笼部分资金,以勉强维持生计再周转资金渡过危机,减少妻子 B 的负担。但 A 十分彷徨,因其对资金周转信心全无,考虑到现行法律自杀免责期间复效后重新计算之规定,可能无法长期坚持,毅然决定维持保险合同效力而自杀"谢罪",让妻子 B 获得高额保险金,渡过难关。人身保险"保生保死",本应具有兼济天下之大义,然在保障保险人利益面前,演变成了复效自杀免责期间重新计算之实践,进而产生自杀"倒逼"之效应,实属南辕北辙,事与愿违。

第三,自杀免责期间的量化分析。人身保险具有长期性,且保费的缴纳通常都是采取分期付款的形式,这两者意味着人身保险中的道德风险的产生与防范具有特殊性。长期性与分期性的结合,带来的是保险关系当事人之间法律关系的紧密连接,对于保险风险的审视,也应当放置于长期的视野中。人身保险"保生保死",通常都是在 35 年以上的时间区间内维持保险合同之效力,然根据我国现行《保险法》之规定,人身保险合同效力中止产生的前提是"自保险人催告之日起三十日未支付当期保费,或者超过约定的期限六十日未支付当期保费",且在合同效力中止满二年双方未达成协议的情况下,保险人有权解除合同。保险人作为保险业者,具有极高的风险规避意识与专业分析能力,在投保人因故不缴纳保费的情形下,会做出于自己最有利的选择,将业务风险控制在可预期的范围之内,也即,投保人未履行保险合同义务时间通常是 2 年。回到保险长期性之时间轴,如图 1 所示,可以测算出,所谓复效可能带来的道德风险期间,单纯从数理层面来看,其仅仅分布在长期性中的 2 ~4 年时间,较于总额其时间发生率仅为 0.0341 ~0.0683,所占量度极小。① 其次,从时间区间来看,"旧念"的道德风险已被合同成立之日起的自杀免责期间所分隔,若是"新念",基于前述复效效力之分析,即复效所发生的法律后果是原合同处于持续存续的状态,保险法律关系如同未发生过效力中止一般,则其为保险期间所产生的风险,在保险合同订立时具有不确定性,具有可保性,并不存在滋生道德风险之弊病。

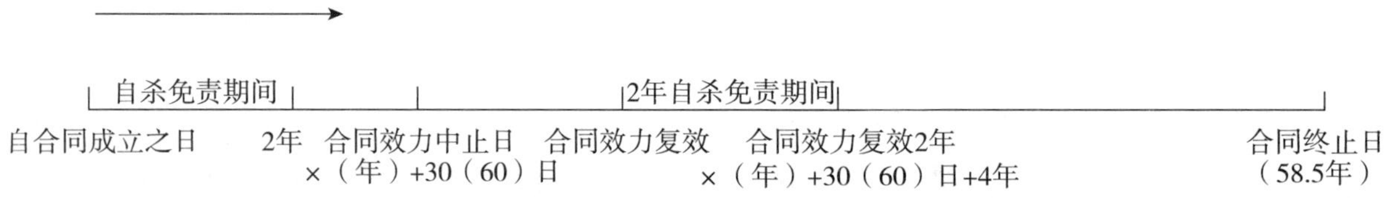

自杀免责期间　　2年自杀免责期间

自合同成立之日　2年　合同效力中止日 ×(年)+30(60)日　合同效力复效　合同效力复效2年 ×(年)+30(60)日+4年　合同终止日(58.5年)

注:一般情况下×≥2,特殊情况下0<×≤2

图 1　自杀免责期间量化分析时间轴②

由是,所谓"被保险人逆选择的道德风险",更多地表现为防范道德风险定式思维的定向延长,并不存在合乎正常逻辑推导之情理。

(三)自杀免责期间之绝对化构造

以一定的社会样本为基础,技术化地设定自杀免责期间,通过期间的经过与否来判定是否属

① 依现行《保险法》第 44 条之规定,复效之道德风险极易产生于保险合同中止之日起至复效后的 2 年时间内,故依照《保险法》第 36 条之规定,此道德风险产生期时间长度处于 2 ~4 年,而 0.0341 ~0.0683 之数值,得之于 2 ÷58.5 与 4 ÷58.5 之值。

② 图中"合同终止日(58.5 年)"是以 2016 年中国人均寿命数 76.5 岁与我国完全民事行为能力人 18 岁之法律年龄数额相减之差额,2016 年中国人均寿命参见光明网,载 https://baijiahao.baidu.com/s? id = 1595058929900325467&wfr = spider&for = pc,最后访问日期:2019 年 1 月 10 日。

于道德风险的范畴，以判定被保人自杀行为是否具有可赔性，以达到安定被保险人遗属与平衡保险人利益目的，确为公共政策之良性选择。但仅仅以2年时间的经过与否来判定是否属于道德风险，又难免陷入绝对化数字评价的误区。在章其田、葛仙芬与天安财产保险股份有限公司宁海支公司人身保险合同纠纷一案中，上诉人章其田与葛仙芬之女在保险合同成立之日起2年内因学习压力大跳楼身亡，一审法院认为"被保险人在保险合同成立之日起二年内自杀的，保险人不承担给付保险金的责任，属于法定免责条款，直接导致免除保险责任的法律效果"，二审法院驳回上诉，维持原判。[①] 类似以时间绝对化处理之情况较多。[②] 就实践反馈而言，自杀免责期间本为防范道德风险的技术手段，却演变成为保险公司不区分道德风险与可保风险而一律免除赔偿责任的利器。"旧念"与"新念"之区分，是将产生谋取保险金意图的时间与合同订立的时间相比较，而合同订立之后所产生的"新念"，既可以是自合同成立之日起的2年以内，也可以是自合同成立之日起的2年以外。如果被保险人在保险合同成立之日起2年内自杀，但并非基于谋取保险金之故意而自杀，则其并不是道德风险，仍旧属于可保的范围之内。但仅仅因其自杀时间处于2年的自杀免责期之内，就显得偏袒保险人之利益，而忽视人身保险之社会功能。笔者认为，要达到不同利益之间的均衡，需要由立法作出配套性且有张弛度的安排，方为妥善之法，单一性的绝对化构造，过于武断。

（四）小结

自杀免责期间制度，是充分平衡被保险人遗属与保险人利益之设计，从功能上讲，充分彰显了法律的人文主义价值与精神。衡平是私法的核心价值之一，如何保障衡平，亦是社会科学学科的难点。自杀免责期间制度是衡平的典型代表，但当此制度与人身保险合同特有的复效制度相衔接之时，却忽略了复效之特殊性。将非复效之道德风险考量移植于复效之中，将道德风险之防范一以贯之，却造成了道德风险过度防范，衡平机制有失偏颇，矫枉过正之弊。

四、恰如其分：复效自杀免责期间的重构

自杀免责期间制度本身合乎法律之价值，但在适用时，未充分衡量特殊性而一以贯之，造成价值层面的偏失。对其应结合复效制度检视，进行局部性重构，以期充分发挥制度之效用，彰显法律之技术与关怀。

（一）回归之一：复效时自杀免责期间不再重新计算

矫枉过正的负效应是使复效之性质认识被淡化，保险合同效力中止之前因被忽略及自杀免责期间的区间量化考量被贬低。要使此种由"后"往"前"步子过大的问题得到解决，只需"减小跨度，步子回缩"即可。基于复效合同为原合同之性质，复效所产生的法律效力是使被暂停的合同效力恢复到没有暂停时的状态，在复效之后，应当是视为保险合同从合同成立之日起持续履行，等同于自原保单签发之日一直生效至今，并将继续生效。[③] 双方当事人之间的法律关系，亦应从保险合同成立之日起开始评价，而非复效之日起开始评价。从比较法的视野来看，复效后自杀期间重新计算的做法仅在《意大利民法典》《加拿大魁北克民法典》和我国台湾地区的"保险法"

① 参见宁波市中级人民法院（2016）浙02民终2325号二审民事判决书。

② 参见荆门市中级人民法院（2015）鄂荆门中民二终字第00052号二审民事判决书；参见金昌市中级人民法院（2014）金中民二终字第66号二审民事判决书。

③ 周玉华：《保险合同法总论》，中国检察出版社2000年版，第401页。

中有所体现，复效后不重新计算自杀免责期间的做法为大多数国家所采纳，不仅在于其符合复效制度之性质，更是在衡平的前提下人文关怀价值理念之彰显。[①]

从对向来看，不仅要"减小跨度，步子回缩"，也要保证这个步子不会缩地太多，从而侵害保险人之利益，而"被保险人危险程度显著增加"则为保险人利益保障的防线。《保险法司法解释》（三）第8条第1款规定："保险合同效力依照保险法第三十六条规定中止，投保人提出恢复效力申请并同意补交保险费的，除被保险人的危险程度在中止期间显著增加外，保险人拒绝恢复效力的，人民法院不予支持。"投保人提出复效申请后，保险人在正常情况下是没有拒绝权的，但为了充分保障保险人之合法权益，避免保险合同中止期间所产生的新的与保险风险增减紧密相关的因素影响保险合同之对价平衡，法律赋予保险人拒绝复效之权利，而前提就是"被保险人危险程度的显著增加"。在本司法解释出台之前，我国关于保险合同复效采取的是同意主义，也即需要由投保人与保险人协商一致，方可复效。[②] 同意主义赋予保险人过大的权利，经过司法解释修正后，可以充分平衡保险合同当事人之间的关系，较为均衡。从保险人利益维护的层面上来讲，"危险程度显著增加"及危险增加告知义务的构造，可以使保险人有充分的知情可能性与选择权，辅助保险人探知被保险人之可能存在的危险状况，降低道德风险滋生的可能性。

（二）回归之二：增加自杀免责期间之反证证明

诚如前述，仅仅以2年时间的经过与否来判定是否属于道德风险，又陷入绝对化数字评价的误区。就我国目前的自杀免责期间而言，2年的绝对化区分无法使本制度存在的价值最大限度地发挥，有"一棍子抡死一片"的弊病。法律规范作为调整人与人之间的行为规则，通过规则的制定以规范一定的行为，引导一定的行为模式，则规则制定应充分考量各种行为之异同，以求在最大限度上达到利益兼济。

对此问题，反观我国现行法律体系之规定，可以找到非常典型的借鉴，即侵权责任当中的"过错推定"。通过"推定"之方式，将行为的原则与例外进行区分，并在区分的基础之上，赋予一定的张弛度，使出现特例之时，具有操作之空间。放诸自杀免责期间之内，在保险合同成立之日起2年内，被保险人自杀的，推定其具有谋取保险金之恶意，保险人不承担给付保险金之责任，但投保人和受益人可以举反证推翻；同理，在保险合同成立之日起2年之外的时间被保险人自杀的，推定被保险人不具有谋取保险金的恶意，但保险人可以举反证推翻的除外。是以此法，缓解现行规范之僵硬区分，增加自杀免责期间之张弛度。

五、结语

自杀免责期间制度，是利益博弈后公共政策之选择。经由法律移植而来，本土化后使其在我国的司法土壤中根深日渐，发展出我国特色。利益衡平本为难事，道德风险滋生及逆向选择的可能，使立法防范意识增强，最终有过度之嫌。当下自杀免责期间规则的设计注重形式正义，被忽略和否认的被保险人单纯自杀行为，得不到制度规范的功能保障。[③] 鉴于人身保险的特殊保障性，笔者认为，自杀免责期间制度应进行重构，以实现制度之目的，提高保障之实效。具体有二：

① 董彪：《保险法判例与制度研究》，法律出版社2012年版，第251页。

② 梁鹏：《保险合同复效制度比较研究》，载《环球法律评论》2011年第5期。

③ 董彪：《保险惯例立法与司法适用研究》，法律出版社2015年版，第60页。

首先,去除复效后自杀免责期间重新计算之规定,合同复效后自杀期间不再重新计算;其次,采取"原则+例外"的道德风险推定模式,在保险合同成立之日起2年内,被保险人自杀的,推定其具有谋取保险金之恶意,保险人不承担给付保险金之责任,但投保人和受益人可以举反证推翻;同理,在保险合同成立之日起2年之外的时间被保险人自杀的,推定被保险人不具有谋取保险金的恶意,但保险人可以举反证推翻的除外。

综上所述,笔者对我国现行《保险法》第44条拟建议如下:

第44条　以被保险人死亡为给付保险金条件的合同,自合同成立起二年内,被保险人自杀的,保险人不承担给付保险金的责任,但被保险人自杀时为无民事行为能力人或投保人、受益人有相反证据证明的除外。自合同成立起二年后,被保险人自杀的,保险人应承担给付保险金的责任,但保险人有相反证据证明的除外。

保险人依照前款规定不承担给付保险金责任的,应当按照合同约定退还保险单的现金价值。

Review of Regulations on the Period of Exemption from Liability for Suicide —Reflection and Reconstruction of Article 44 of China's Insurance Law

By Kang Peng

Abstract: As a public policy choice, the suicide exemption period system is biased in the interest "tug-of-war", which leads to overcorrection and excessive prevention. As a technical means of interest balance, it has a strong color of formal justice, which cannot give full play to the effect of "protecting life and death", stability and comfort of personal insurance. Therefore, in order to increase the internal relaxation, remove the rigidity and deal with the local reconstruction, we should remove the requirement of recalculating the period of exemption from suicide after the recovery effect, and adopt the practice of not recalculating the period of exemption from suicide after the recovery effect. The rigid distinction of "one size fits all" should be abandoned and the moral hazard presumption mode of "principle + exception" should be adopted instead. In order to give full play to the effectiveness of the system, highlight the legal technology and care.

Key words: Suicide Exemption Period　Suicide Clause　Answer Effect　Insurable Property

(责任编辑:吴允杨)

时代与仲裁

“一带一路”倡议下我国贸仲委承接投资者—国家争端问题研究

金鉴智*

内容提要　本文主要对《投资仲裁规则》实施后贸仲委能否承接我国与“一带一路”沿线国家的投资者—国家争端问题展开研究。通过对我国与“一带一路”沿线国家BIT签订情况的考察得出贸仲委的管辖权的现实,并以仲裁透明度为切口考察了《投资仲裁规则》的规则设计,得出尽管《投资仲裁规则》在相当程度上具有先进性,但如果缺乏BIT等双边或多边条约的配合,《投资仲裁规则》并不能在实践中得到运用的结论。

关键词　“一带一路”　争端解决　管辖权　仲裁透明度

“一带一路”倡议自2013年被提出以来,本文完成时已经过去了将近5年,在这期间,中国企业在“一带一路”沿线国家活动不断增多、投资规模不断扩大,并在2016年年末对“一带一路”沿线国家的直接投资存量达到1294.1亿美元,占中国对外直接投资存量的9.5%。与此同时,潜在的投资风险如影随形。在此背景下,中国国际经济贸易仲裁委员会(以下简称贸仲委)颁布了于2017年10月1日起施行的《中国国际经济贸易仲裁委员会国际投资争端仲裁规则》(以下简称《投资仲裁规则》),希望能够“为我国企业提供解决与东道国投资争端的制度化保障,维护企业的合法权益,助力我国企业‘走出去’。”

投资者—国家争端与国际商事争议解决在主体、程序、适用法律上都有极大不同。因此,贸仲委能否凭借一部《投资仲裁规则》的颁布,而完成承接我国企业与“一带一路”沿线国之间的投资争端以维护我国企业合法利益的愿景?贸仲委如何取得管辖权?在“一带一路”倡议背景下,贸仲委相对于其他现有的投资者—国家争端解决方式又有何优势?本文将对这些问题展开研究。

一、贸仲委承接投资者—国家争端的管辖权依据

(一)《投资仲裁规则》的合法性

《投资仲裁规则》是中国国际贸易促进委员会(中国国际商会)制定的规定如何通过仲裁的方法解决当事人之间争议的程序性规则。仲裁规则虽具有契约性质,当事人可自由选择适用,但其选择适用时产生的法律拘束力来自于当地法律。因此,仲裁规则不能违反当地法律的强制性规定,否则依仲裁规则的裁判结果也会因违反当地法律被撤销或者拒绝承认和执行。而《仲裁法》

* 浙江大学光华法学院硕士。

第 2 条明确规定的“平等主体的公民、法人和其他组织之间发生的合同纠纷和其他财产权益纠纷可以仲裁”的受案范围无疑属于当地法律的强制性法律规定。并且，中国核准的《解决国家与他国国民间投资争端公约》中关于国际、投资争端解决中心（ICSID）能够受理投资者—国家争端的仲裁也并不构成“国际条约对国内法”的修改。因为该公约签订的目的在于设立一个国际组织，以便受理“无处安放”的投资者—国家争端案件，而并不在于以“推动国际仲裁法律制度的统一化”而对各国仲裁法受案范围的修改。从这个角度看，《投资仲裁规则》似乎违背了中国的强制性法律规定。

但国际仲裁机构早有受理投资者—国家争端的实践。1993 年，斯德哥尔摩商会仲裁院（SCC）便受理了它的第一起投资者—国家争端。国际仲裁机构颁布专门的投资仲裁规则也并非贸仲委先行。新加坡国际仲裁中心早已在 2017 年 1 月 1 日生效了它的《投资仲裁规则》。那么瑞典和新加坡是如何处理国内仲裁法与接受投资者—国家争端的投资仲裁规则之间的矛盾呢？瑞典的仲裁法赋予了当事人极大的选择自由，其第 33 条规定只要双方的仲裁协议并不违反瑞典的基本法律原则，诸如基于赌博、犯罪（无效契约）提出请求所作出的裁决、支付贿赂金以及带有赔偿性制裁的裁决，便高度尊重当事人双方的意思自治。因此，相较于中国仲裁法，极度宽松、自由的瑞典仲裁法给了 SCC 规则更多的“发挥”空间。而新加坡的仲裁制度实行双轨制，分为国内仲裁与国际仲裁，但即便是国际仲裁法也只是处理国际商事纠纷，由于其具体条文规定中并没有出现平等主体的字眼，而新加坡的《投资仲裁规则》显然是钻了这个空子，将国际投资争端“商事化”。

从这两个国家的先例中，可以看到作为脱胎于国际商事仲裁的投资者—国家争端，仍然具有极大的“商事化”逻辑，至今仍委身于各国原先的商事仲裁法以及商事仲裁机构。因此，对于我国《投资仲裁规则》合法性的解释便可采这种解释路径。对于国际投资争端这类财产权益纠纷，一方国家并不因为其主权者身份而削弱争端的商事属性，走上仲裁庭的主权国家与其他被上诉人并无二致，私人投资者与国家间的争端仍属于平等主体之间的争端。ICSID 仲裁庭也持有过这种观点，譬如，在 amco 案①中，仲裁庭将投资者—国家间的争端视为平等者之间的争端，并在之后的仲裁庭中也被援引。又如，Ethyl 案②的仲裁庭认为，“在存疑情况下，对主权应当作限制性解释”。

毋庸置疑，古老的商事仲裁对于新生的投资仲裁具有重大的影响，但这种路径的解释方法在当前投资争端机制改革的背景下，缺陷日益明显。人们已经意识到投资仲裁与商事仲裁存在本质上的不同，投资仲裁的商事化逻辑，使国家的公法人人格被私人化，势必使国家所保护的公共利益也被私权化。国家原本拥有的根据本国利益自主制定关于环境、安全、卫生等的公共政策将受到他国投资者的钳制。投资者—国家争端所面临的迫切危险，使必须考虑为寄居在商事仲裁下的投资者—国家仲裁另觅出路。双边投资协定以及区域贸易安排中的投资专章以国际条约的形式提供了另一种可能性。在此情况下，《投资仲裁规则》则可通过“国际条约对此有不同规定的，适用该国际条约的规定”获得合法性。

① Amco Asia Corp v. Indonesia(Jurisdiction). ICSID Case No. ARB/81 /1.

② Ethyl Corporation v. Government of Canada. NAFTA Case. 裁决全文可搜索：http://www. international. gc. ca/trade – agreements – accords – commerciaux/topics – domaines/disp – diff/ethyl. aspx？ lang = eng。

(二)我国与“一带一路”沿线国签订的 BIT 情况

仲裁协议是仲裁庭接受仲裁的管辖权依据。在私人投资者—国家争端领域,仲裁协议的形式包括条约、合同以及其他法律文件。而通过双边或多边条约规定私人投资者—国家争端的解决机制在实践中最为常用。本文接下来将收集现有的我国与 64 个[①]“一带一路”沿线国家签订的所有的双边投资条约(Bilateral Investment Treaty,BIT)和自由贸易协定(Free Trade Agreement,FTA),[②]对其中的投资争端解决机制进行分析。由于中国与“一带一路”沿线国家所签订的自贸区协定中均只对保护投资自由原则作出了确认,并没有对于争端解决机制的规定。因此只对 BIT 作出分析。

“一带一路”沿线国家共有 50 个[③]国家与中国签订了 BIT,其中 48 个(除土库曼斯坦、泰国之外)有争端解决机制的规则。争端解决方式包括友好协商、向采取征收措施的缔约一方的主管当局提出申诉、由采取征收措施的缔约一方有管辖权的法院管辖、提交临时仲裁庭、ICSID 管辖以及国际仲裁机构管辖。但以临时仲裁庭为最受 BIT 欢迎的争端解决方式,47 个 BIT 中约定了临时仲裁庭的组建和仲裁规则。然而约定双方可合意将争端提交给国际仲裁机构的只有中国—乌兹别克斯坦 BIT。也就是说,在当前的 BIT 框架下,贸仲委要想承接基于 BIT 的私人投资者—国家争端,只能承接中国—乌兹别克斯坦之间的该类型案件。贸仲委在条约仲裁领域的管辖权几乎等同于零。

除此之外,即使由临时仲裁庭或 ICSID 管辖的案件,其管辖范围也非常狭小。在统计的 BIT 中,投资争议的范围大小有三种模式:第一种只包括对被征收的投资财产的补偿款额;第二种可以是缔约一方与缔约另一方投资者之间产生的与投资相关的任何争议;第三种视解决机制的不同决定争议范围。其中规定以仲裁为解决方式的争议范围为与投资相关的任何争议的 BIT 仅有 8 个,即交由仲裁解决的争议范围绝大部分仍然限于补偿数额的大小问题。对投资者的保护非常有限。

(三)贸仲委扩大管辖权的建议

贸仲委要想承接投资者—国家争端,首先必须扩大其管辖权基础。现有可能的途径包括当事人双方在合同中对仲裁条款作出安排以及签订新的 BIT。

1. 推广示范仲裁条款

仲裁协议的形式不仅仅只有条约的形式,当事人双方的合同也能构成仲裁庭的管辖依据。在此思路之下,推广《投资仲裁规则》的仲裁示范条款,通过官方宣传鼓励我国走出去的企业在与对方东道国签订合同的时候使用它,通过当事人的意思自治来获取管辖权似乎成为一个可行项。但除了面临因东道国、私人投资者谈判能力不对等,对方是否会接受该仲裁条款的问题外,在 BIT 规定的有限的争端解决机制之外,当事人对仲裁机构的加以选择的意思自治是否违反 BIT 对当事人双方的实质性的约束,从而引起管辖冲突,则是另一个问题。

---

① “一带一路”沿线国家具体数目未有官方明确统计,但经各大机构以及个人研究调查,普遍共识认为包括中国在内“一带一路”沿线国家一共为 65 个。

② BIT 的全部统计数据均从中华人民共和国商务部条法司获得,http://tfs. mofcom. gov. cn/article/Nocategory/201111/20111107819474. shtml。FTA 的全部统计数据均从中国自由贸易区服务网取得,http://fta. mofcom. gov. cn/。

③ 中国与捷克斯洛伐克于 1991 年签订的 BIT,在捷克、斯洛伐克各自独立后,BIT 继续对两个国家有效,统计中将此计算为 2 个 BIT。

2. 开启新的 BIT 签订进程

因此,通过签订 BIT 来扩大贸仲委管辖权是更优的选择。在该 50 个 BIT 中,有 8 个签订于 20 世纪 80 年代(占全部的 16%),37 个签订于 20 世纪 90 年代(占全部的 74%),5 个签订于 21 世纪(占全部的 10%)。按照联合国贸易和发展会议对"现代化"BIT 的划分——签订于 2010 年及其之后,只有与乌兹别克斯坦的 BIT 符合这一标准。因此 98% 的与"一带一路"沿线国家的 BIT 都过于陈旧和落后,无论是否要扩大贸仲委的管辖权,对当下 BIT 的革新都是势在必行。

除了对管辖权需要作出安排之外,如何权衡东道国管制权与投资者权益保护、如何对现有的其他争端解决机制作出改革和取舍都是新一轮 BIT 签订时需要考虑的问题。

二、《投资仲裁规则》的评价——以透明度条款分析为例

(一)"一带一路"沿线国家的投资特点

"一带一路"倡议内涵分五通,"政策沟通""设施联通""贸易畅通""资金联通""民心相通"。由于"一带一路"沿线国多为发展中国家,"设施联通"作为其余四通的物质基础,成为我国与一带一路沿线国的重点合作领域。据五通指数统计,2017 年的设施联通度(包含交通设施、通信设施、能源设施)平均分值为 6.47/20。尽管设施联通水平不断提高,但基础设施领域的投资合作仍然是"一带一路"投资合作的重点。而基础项目建设的公共属性,往往因牵扯国家主权行为而为发展中国家所重视和敏感,东道国的公众对该关乎自身福祉的项目建设同样予以高度关注。

除此之外,"一带一路"倡议因为覆盖疆域大、涉及国家多,使其投资法律环境也较为复杂,法律文化、法律制度大相径庭,各大法律体系在沿线地带均有体现。尽管我国与沿线各国双边互访日益频繁,配套文件日益完善,政策沟通度水平逐年看涨,但仍然需要面对"一带一路"沿线国家的投资风险较高且投资失败案例不少的事实。根据联合国 UNCTAD 的统计,在 1987 ~ 2016 年,在私人投资者—国家间争端中被诉最多次的东道国 12 强排名中,"一带一路"沿线国家占一半席位(捷克、埃及、俄罗斯、波兰、印度、乌克兰[①])。尽管这些国家近年来为吸引投资,不断进行投资自由化、便利化的改革,但因这些国家多变的政策以及总体的投资环境,它们的投资风险并没有降低。

(二)《投资仲裁规则》的总体特色

根据《投资仲裁规则》的说明以及《投资仲裁规则》的文本,《投资仲裁规则》所体现的亮点,包括仲裁员的名册制和高门槛、仲裁费用的相对低廉、自由选择的法律审理体系、仲裁案件以公开审理为原则、规定第三方资助。

"在投资争端领域,是由仲裁员而不是主权国家统治的"反映了仲裁员在私人投资者—国家间争端的极端重要性。但是,据称非常少的一群仲裁员——仅 15 个仲裁员裁判了 518 份投资条约争端中的 55%,而这些仲裁员大多来自欧美等发达国家。这难免会引起发展中国家当事人对仲裁的顾虑。而"一带一路"沿线国家众多,且绝大多数为拥有迥异的法律体系和法律文化的发展中国家。为了保证仲裁员的独立公正,尊重、包容、理解"一带一路"倡议下的各国,增加仲裁员的多样性,增加不同法系、国籍、语言的仲裁员是贸仲委在设定专门解决国际投资争端的"仲裁员

① 根据 ISDS navigator 数据库所得数据,http://investmentpolicyhub.unctad.org/ISDS/FilterByCountry。

名册”时自然而然应该考虑的。同时,这种通过增加仲裁员法律背景多样性来试图更好地理解争议实质的努力不仅有利于争议的解决,还在提高地方专家的能力、鼓励不同法律制度的互动方面,为探寻私人投资者—国家争端中的最优解提供了不一样的实践,尽管专门解决国际投资争端的“仲裁员名册”尚未公布,但参照商事仲裁的仲裁员名册,其拥有来自“一带一路”沿线国27个国家国籍的仲裁员,有42%的地域上的覆盖率,因此仍可以期待贸仲委在投资争端名册上的表现。

私人投资者—国家仲裁费用之巨早已闻名,联合国贸易和发展会议还发现近年来该费用逐年水涨船高。这个费用障碍,使个人和中小企业在遭遇投资争端时,往往无奈作罢。据学者调查,如果一个企业年收入低于1500万美元,那么它不大会拥有足够的财力来支持它的仲裁诉求。而对于“一带一路”沿线众多的发展中国家,中小企业以及个人投资者才是经济生活中的主要参与者。因此,降低仲裁费用无疑会激励他们诉诸仲裁的行为。而且,昂贵的费用不仅给投资者带来实际困难,对用公共财政支付费用的被申请方的国家,尤其是财政资源匮乏的发展中国家来说也同样非常勉强。贸仲委作为发展中国家的国际仲裁机构,对此境况深有同感,因此费用表的价格,无论是案件登记费、机构管理费还是仲裁员的报酬和费用较之其他的仲裁机构,如SCC、ICC都相对低廉。并且非常平易近人地并创新性地将仲裁员从事仲裁活动时产生的全部的合理的实际开支的费用都算在仲裁员费用内,进一步降低了费用负担,为“一带一路”沿线的投资者—国家争端提供了切合实际的选择。

已知的投资者—国家争端解决的仲裁机构均采取英美法系的审理模式。而贸仲委依托“一国两制”的国情,提供北京和香港的仲裁地选择,为不同法系的国家提供了多元的选择。这一优势绝无仅有。

除此之外,《投资仲裁规则》在透明度规则上迈出了更大的一步。

(三)关于仲裁透明度的规定

在法律视野中,透明度多指制度运作的公开性、民主性,并处于公众的监督之下。尽管对透明度概念并无统一认识,但是根据学者在私人投资者—国家争端问题上的研究,可以认为,私人投资者—国家仲裁透明度一般包括两个方面:一是指争端解决过程中的程序公开;二是非争端方的有效参与。体现在具体的规则安排中表现为,开庭审理、仲裁程序中的相关资料公开、第三人参与。

1.《投资仲裁规则》关于仲裁透明度的规定

开庭审理是投资仲裁透明度中最为重要的一部分。总体来说,开庭审理是大势所趋。但《投资仲裁规则》并没有将开庭审理确定为强制性原则,是否开庭审理仍然是由当事人意思来决定。(见表1)

表1　开庭审理

方面	规　　定	来源
开庭审理	除非当事人另有约定或仲裁庭另有决定,开庭审理公开进行	《投资仲裁规则》第32条

相关资料公开使公众能够及时获取仲裁的相关情况。并且《投资仲裁规则》不仅对公布的文件有详细的规定,而且让仲裁委员会而非仲裁庭承担了资料公开的工作,使资料公开便于管理且具有较强可操作性。(见表2)

表 2　相关资料公开

方面	规　　定	来源
相关资料公开	除非当事人另有约定,当事人同意将争议提交仲裁委员会依据本规则仲裁的,视为同意仲裁委员会公开仲裁程序中的相关资料。 可公开的资料包括: 1. 启动仲裁通知书; 2. 对启动仲裁通知书的答复; 3. 仲裁申请书; 4. 仲裁反请求申请书; 5. 仲裁答辩书; 6. 当事人的书面陈述; 7. 非争议缔约方和非争议方提交的书面意见; 8. 庭审笔录,如有; 9. 仲裁庭的命令、决定和裁决	《投资仲裁规则》第 55 条

在第三人或称法庭之友的规则设计上,《投资仲裁规则》主要参考了 UNCITRAL 透明度规则,将非争议方与非争议缔约方区别开来。并且除了可以允许第三人提交书面意见以参与仲裁之外,甚至明确规定可以依据、参照第三人的意见作出仲裁裁决。并且在仲裁规则中对第三方资助持开放态度。(见表 3)

表 3　第三人参与

方面	规　　定	来源
第三人参与	在依据投资条约提起的仲裁案件中,当事人之外的投资条约缔约方("非争议缔约方")可以在书面通知管理案件的投资争端解决中心或香港仲裁中心和双方当事人后,向仲裁庭提交有关案件所涉投资条约解释的书面意见。 当事人和非争议缔约方之外的个人或实体("非争议方")、非争议缔约方,可以在书面通知……向仲裁庭提交与案件所涉争议范围内某一事项有关的书面意见。 仲裁庭也可以根据双方当事人的意见,并考虑案件的具体情况,邀请非争议缔约方或非争议方提交所涉投资条约解释、与案件所涉争议范围内某一事项有关的书面意见。 仲裁庭可以参考或依据非争议缔约方或非争议方的书面意见发布命令、作出决定或裁决。 获得第三方资助的当事人应在签署资助协议后,毫不迟延地将第三方资助安排的事实、性质、第三方的名称与住址,书面告知对方当事人、仲裁庭及管理案件的投资争端解决中心或香港仲裁中心。仲裁庭也有权命令获得第三方资助的当事人披露相关情况	《投资仲裁规则》第 44、27 条

2.《投资仲裁规则》规定的合理性

总而言之,在透明度规则上,《投资仲裁规则》的先进程度介乎 ICSID 规则与 UNCITRAL 规则之间。但在第三人参与的规则上甚至超过了 UNCITRAL 透明度规则。透明度规则的确立有利于争端双方,并由此增强了投资者—国家争端解决机制的民主问责制和合法性,虽然国家自行建立起了这种制度,以确保其合法性,但其民众未必以同样的方式看待。

首先,在国际投资争端事项涉及公共利益时,投资者—国家间的争端实质上是投资者—国家的国民之间的争端,其仲裁结果与当地公民的利益息息相关,透明度规则使民众得以参与进仲裁程序,从而为民主问责提供基础。以往仲裁的秘密性,使与仲裁裁决结果利益最为攸关的东道国当地民众被剥夺对仲裁信息的知情权、对仲裁过程的参与权,而不得不被动地接受关乎自身生存生活利益的仲裁结果,并且得用税金支付高额的法律费用,在东道国败诉的情况下,还得用税金支付巨额的赔偿。民众因为仲裁的秘密性而被迫噤声,透明度规则的设定将改变这一局面。

其次,透明度规则在追求仲裁裁决的可预测性、一致性方面有利于仲裁裁决的公平合理,从而增强了国际投资仲裁的合法性。国际投资仲裁业内一直有着对仲裁裁决不一致的批评。正如 Calamita 所解释的,仲裁裁决的资料的缺乏不仅影响当事人对一般仲裁情况的了解,还影响了当事人对仲裁员的了解,以及他们在之前案例中采取的方法。仲裁的公开审理以及仲裁文件公开,使得当事人能够克服这些缺陷,从而根据以往的仲裁案件对自己的仲裁案件有一个合理的预判。与此同时,仲裁的透明度提高还对仲裁员以及仲裁庭形成监督,促使他们根据以往案例作出裁决,客观上有利于仲裁裁决的一致性。这都促进了当事人对国际投资争端仲裁解决机制的信赖,推动仲裁裁决的公平合理。

透明度规则的重要性毋庸置疑,但更为重要的是,透明度规则规定的具体内容以及程度。

在公开审理和资料公开上,贸仲委将受制于各国在 BIT 等国际条约上的态度,而这正是《投资仲裁规则》的一大合理之处。“除非当事人另有约定外”的规则,将该事项的决定权仍保留在主权国家手中。第一,其尊重了“一带一路”沿线国家对此的敏感神经。有学者根据自己的调查结果指出,亚洲国家普遍不习惯在投资条约中加入透明度条款,即使在 UNCITRAL“透明度规则”和“透明度公约”出台的情况下,他们对此的态度也没有很大的改变。并且,目前各国内部也同样对投资者—国家争端解决机制进行着反思和重构,正如波兰在回答 UNCITRAL 关于投资者—国家间争端解决框架的调查问卷指出,只有作为不具有约束力的指导原则,才能被接受。因此,本着“一带一路”倡议背景下的“相互协商、互谅互让”的精神,沿线国家仍可以通过权衡吸引投资和保护主权的利益,对投资者保护与国家监管权在国际条约中作出更谨慎的安排。第二,符合贸仲委的定位。贸仲委作为国际仲裁机构,其目的在于通过制定更具吸引力的仲裁规则以吸引更多的案件,而如 UNCITRAL 透明度公约一般的强制性的高标准将吓退很多当事人。

在第三人参与上,《投资仲裁规则》对第三方资助作出了规定,直面了这一国际仲裁中非常普遍的现象,则是另一大合理之处。虽然尚没有权威的统计数据,但是第三方资助的从业者认为,目前至少 40% 国际投资仲裁案件都存在第三方资助的现象。甚至有某第三方资助机构从业人员曾表示,2013 年在国际投资争端解决中心(ICSID) 注册的仲裁案件中至少有 2/3 涉及第三方资助。根据现有有限资料,投资者—国家争端案件的平均费用为 800 万美元,其特有的高费用和潜在的高额赔偿裁决使其成为对第三方出资人具有吸引力的市场。第三方资助使缺乏资金的当事人能够提起仲裁,但因国际投资仲裁的秘密性,第三方资助在发展过程中,造成了不少的消极影响。譬如,第三方对仲裁员选择的干涉产生了对仲裁员独立公正的质疑。因此,《投资仲裁规则》填补了各大规则在第三方资助上的空缺,对第三方资助的规制作出了初步的大胆的尝试。

第三大合理之处则在于,仲裁庭可以依据和参考第三方的书面意见作出裁决,扩大了第三方的参与程度。通过尊重第三方(如一些 NGOs)在生态、环境领域更为先进、权威的判断,不仅可以让仲裁庭在对所涉案件的信息有较为全面的了解的情况下提升仲裁的质量。同时,也对仲裁庭的法律适用以及正确解释也有帮助，从而推动更为合理的仲裁结果的作出。同时，《投资仲裁规则》在第三人提交书面意见上，通过对仲裁庭自由裁量权的规定，在收到过量信息和尽可能全面地收集信息上也作出了符合仲裁效率的平衡。

3. 改进空间

第一，第三方资助的规则仍需完善。尽管《投资仲裁规则》对第三方资助作出了初步的规定，但这种初步规定的意义仍然有限。首先，当事人披露第三方资助的相关信息的义务依赖于当事人自觉。鉴于仲裁庭的能力有限，当事人没有披露的话，其实也难以发现。其次，一旦发现当事人没有履行披露义务，仲裁庭所能采取的办法只有在就仲裁费用和其他相关费用作出裁决时加以考虑。实际上《投资仲裁规则》只不过是在第三方资助问题上对仲裁庭的自由裁量权进行了确认。不过，这种确认却并不能解决上述仲裁庭规制第三方资助的权力不够、动力不足的问题。最后，这种求助第三方的资助，无法为国家所利用，正如 UNCITRAL 第三十四届工作报告所指出的，这种仅为一方所利用的外部资金是否造成竞争环境的不公平，又如何处理在收缴费用以及执行费用裁决上的问题都引起了相关部分国家的关切，而“一带一路”中的大部分沿线国家都在其中。在对第三方资助缺乏足够的事实调查的情况之下，贸仲委此举是否会引起新的系统性挑战，不得而知。

第二，《投资仲裁规则》的运用仍然有赖于双边或多边国际条约的完善。尽管在国际投资仲裁上，国家将相当一部分的权利转移给了投资者和仲裁庭，但国际投资仲裁因其处理的争端性质涉及东道国的公共利益仍然牢牢地根植于国际公法的土壤。投资者—国家争端解决制度是在更广泛的投资条约的发展进程中建立起来的。因此，《投资仲裁规则》在增强国际投资仲裁合法性上做出的优化程序规则的努力，并不能从根本上消解国际投资仲裁面临的合法性危机。危机的化解仍然需要主权国家在双边或者多边条约中对此做出主动的自我规制，如此《投资仲裁规则》也能因为有明确嵌入于实体性合作协定框架内的争端体系而具有旺盛的生命力。

而对双边或多边国际条约的完善目前有两种模式可以借鉴。一是美国模式，通过制定 BIT 范本，在范本中直接对透明度做出规定，从而在 BIT 谈判中加以适用，如美国 2012 年 BIT 范本中第 28、29 条对仲裁行为和仲裁程序的透明度直接作出了规定；二是欧盟模式，通过单个的双边条约签订先加以试点，如《欧盟与加拿大综合经济和贸易协定》中通过设立新的投资者—国家争端解决机构——投资法庭，从而对大量的投资仲裁规则做出变革。而在“一带一路”倡议背景下，中国可以较高的“民心相通度”和我国与沿线国家领导人频繁的双边互访建立起的高“政策沟通度”为基础，依托“一带一路”国际合作高峰论坛的平台，在论坛上先对投资争端解决机制的透明度变革做出倡议，而后在与各国的 BIT 中加以落实。

三、结论

《投资仲裁规则》在仲裁费用、仲裁员、透明度规则上总体的设计符合“一带一路”沿线国家复杂的投资特点，并且在部分规则的设计上具有一定的国际先进性，是一部较为成熟、领先的国际投资仲裁规则，但也只是在程序上对现有的国际投资争端解决机制进行了初步的改革尝试。在目前背景下，贸仲委并没有承接投资者—国家争端的管辖权依据，同时一系列的程序上的革新是否能够为“一带一路”沿线国家所接受尚不可知。“一带一路”沿线国家是否愿意将投资者—国家争端案件交予贸仲委受理，最终仍取决于我国在新一轮 BIT 签订中各方对此做出的安排。但另一方面,中国此举已经显示了其作为"一带一路"倡议的倡导者与主推力,参与国际投资法治改革,积极推动国际投资法律体系的新秩序的构建的能力。

The Research on CIETAC Undertaking Investor - state Disputes under the Belt and Road Initiative

By Jin Jianzhi

Abstract:This article mainly focuses on whether CIETAC can undertake the investor - state disputes between China and the countries along the Belt and Road after CIETAC International Arbitration Rules came into effect. In the first part, the article draws the conclusion about the reality of jurisdiction of CIETAC by the investigation of the current BITs between China and the countries along the Belt and Road. In the second part, through transparency designs in CIETAC International Arbitration Rules, it is concluded that although CIETAC International Arbitration Rules are advanced to a considerable degree. However, without the cooperation with bilateral or multilateral treaties, CIETAC Investment Arbitration Rules cannot be applied in practice.

Key words:the Belt and Road　Dispute Settlement　Jurisdiction　Transparency

(责任编辑:陈　挚)

构建"一带一路"框架下公正合理的争端解决机制

张营营[*]　吴允杨[**]

内容提要　"一带一路"倡议,是中国为促进包括基础设施建设、贸易、金融以及文化交流等在内的区域融合和全球合作,在多方面促进全球联结所做的重大举措。但西方个别大国为维护狭隘的本国利益,大搞单边主义和保护主义,在全球范围内制造贸易摩擦,让以世界贸易组织为核心的多边贸易体制受到冲击,国际经济合作和人类共同发展迎来逆流。在此情况下,构建"一带一路"公正合理的争端解决机制具有重大意义。尽管"一带一路"本质上为区域发展战略,然又不同于传统的区域一体化模式。这是因为,"一带一路"在突破传统的区域限制与闭塞的同时,也对现有的跨国争端解决机制提出了新的挑战。基于此,在分析目前国际争端机制的可行性与经验基础上,构建国际商事法庭、国际商事仲裁中心以及国际商事调解机制互相衔接的多元化纠纷解决机制,不断满足中外当事人纠纷解决的多元要求,形成一套公平公正、专业高效、透明便利且低成本的国际商事争端解决机制具有时代意义。

关键词　"一带一路"倡议　争端解决机制　国际商事法庭　国际商事仲裁中心　国际商事调解机制

一、背景

2013 年 9 月和 10 月,习近平主席在出访哈萨克斯坦和印尼时,提出建设"丝绸之路经济带""21 世纪海上丝绸之路"的倡议,成为当时国内外广泛关注的热点。在 2017 年 5 月举办的"一带一路"国际合作高峰论坛上,各国媒体普遍认为,"一带一路"倡议已经成为推动全球经济增长的重大举措,将为各国共商、共建、共享"一带一路"凝聚新的共识,开启新的篇章。缘由在于"一带一路"战略提出恰逢其时——主要涉及包括中国在内的 65 个国家,总人口约 44 亿,年生产总值约 21 万亿美元,分别占全球的 62.5% 和 28.6%,贯穿亚欧非大陆,连接着东亚经济圈和欧洲经济圈,中间广大腹地国家经济发展潜力巨大。[①] 商务部发布的《中国对外投资发展报告 2018》显示,截至 2017 年年末,我国对"一带一路"国家投资存量达到了 1544 亿美元。2018 年,我国对"一带一路"沿线国家实现非金融类直接投资 156.4 亿美元,同比增长 8.9%。伴随"一带一路"战略的日趋成熟,国际贸易合作的不断深化以及国际上有针对性的贸易保护主义的加剧,如何在"一带一路"倡议中,解决贸易交往过程中产生的贸易摩擦,保护我国合法权益成为一个难以回避并具有现实紧迫性的问题。因此,需要剖析既有区域贸易争端解决机制在此战略中的运作情况,考虑

* 华南理工大学法学院法学硕士。
** 华南理工大学法学院法律硕士。

① 孙楚仁、张楠、刘雅莹:《"一带一路"倡议与中国对沿线国家的贸易增长》,载《国际贸易问题》2007 年第 2 期。

"一带一路"沿线国家间政治、经济、文化、宗教以及法律体系等各种复杂因素，明确发挥各种纠纷解决方式在解决"一带一路"建设争议争端中的优势。并根据实际情况，实事求是总结经验建立一套行之有效的、沿线各国普遍接受的区域贸易争端解决机制具有现实意义。

二、构建"一带一路"争端解决机制应遵循的总体思路

构建"一带一路"框架下公正合理的争端解决机制需要尊重"一带一路"当事人根据沿线各国政治、经济、法律、文化、宗教等因素做出自愿选择，坚持沿线各国共商共建、共享互利、守规遵矩。此外，由于"一带一路"战略背景下具有其特有的环境、制度背景、历史文化、法律制度等特殊因子，单纯生搬硬造现有的全球性或区域性贸易争端解决机制在实践中并不可行。故整体的思路需从单纯的复制粘贴转向从前述全球性或区域性贸易争端解决机制中汲取养分，即在"一带一路"相关争端解决机制大量留白的情况下，学习现有的全球贸易争端解决机制的精华对该战略背景下建立区域贸易争端解决机制具有现实意义。具体来说，总体的思路如下：

（一）灵活多样的争端解决机制是根本

"一带一路"区域贸易争端解决机制的选择必须要根据"一带一路"倡议沿线国的区域一体化程度而定。如后文将论述，欧盟争端解决机制适用的土壤系一体化程度较高的区域贸易组织，呈现出的司法化性质很强。而经济一体化水平较低的区域贸易协定则采用低司法化争端解决机制。据此，中国在与"一带一路"沿线国家商谈构建区域贸易协定争端解决机制时，要根据具体情况加以区分。此外，考虑到"一带一路"是"互联互通"的跨区域合作战略，要避免过于分散的争端解决机制，选择的争端解决机制要能为普遍接受。

（二）平等协商、谈判解决争端是原则

争端和平解决是现代国际法的一项基本原则。平等协商、谈判解决争端是国际公认的国际法基本原则。① "一带一路"坚持各国共商、共建、共享，遵循平等、互利的基本原则，以造福中国及沿线各国人民为根本宗旨和目标，是中国推动与沿线国家经济合作、共同发展的重要举措。"一带一路"建设中，纠纷一旦发生，则应本着平等、互利的原则通过协商、谈判等方式加以解决，这是"一带一路"的根本宗旨和目标所决定的。

（三）尊重国家主权，保障投资者利益是关键

"一带一路"舞台上的主角们多为水平偏低的发展中国家，由于历史上遭遇的战争、国内动乱等，为其积贫积弱埋下种子。而正是由于遭遇的波折，这些国家对"主权"具有相当敏感性，所以在解决国际争端的过程要充分尊重它们的主权。这就需要做好国家层面的交流互通，打好互信基础，通过协商及时解决在项目过程中产生的纠纷，同时把握好用制度维护东道国主权与投资者保护之间的尺度这一关键。

（四）合理运用政治外交手段是辅助

综观国际上的 WTO 的《关于争端解决规则与程序的谅解》以及诸多区域贸易协定（Regional Trade Agreement，RTA）涉及的争端解决机制中均未排斥将政治外交手段作为一种辅助方式。政治外交方式包括磋商、斡旋、调停与调节等，具有适用范围广、程序灵活、争端当事国的主权能得到充分尊重和体现、当事各方能够自始至终控制争端解决过程并接受或拒绝一项方案的自由，以

① Malcom N. Shaw, *International law*, Beijing, Peking University Press, 2005, pp. 917 - 918.

及更容易被接受等优点。[①]与此同时,“一带一路”沿线国家多为综合国力水平偏低的发展中国家,并且部分还面临着严峻的国内社会安全形势,因此必须要考虑到“一带一路”战略实施过程中的政治风险,合理运用政治外交手段,为构建“一带一路”争端机制做好“辅助”。

三、既有贸易争端解决机制及其在“一带一路”背景下的适用困局

依据“一带一路”战略背景下制定的一系列贸易协定而设立的制度为促进“一带一路”沿线区域经济增长、贸易繁荣提供重要推动力,也正如美国学者约翰·H.杰克逊所述“除非这些规则被置于一个有效的‘法律制度’框架内,否则它们不能发挥重要作用。”[②]在此语境下这个有效的“法律制度”即指争端解决机制。从既有的几种争端解解决机制(规设的法律框架)中可以看到法律运作的逻辑与边界,并发现其中的不足。

(一)全球性贸易争端解决机制

1. WTO争端解决机制

WTO争端解决机制是世贸组织在总结关贸总协定40多年的实践经验基础上,创设的一套新颖而又复杂的争端解决机制,是在GATT争端解决机制的基础上形成的[③]。WTO争端解决机制在促进全球合作中起到了重要的作用,更被誉为是“现代国际法皇冠上的一颗明珠”。[④] 这可以体现在:

(1)对于非违反性申诉的受理。从受理案件适用范围的规定上,WTO争端解决机制不仅受理违反性申诉,同时也受理非违反性起诉。[⑤] 即成员国所采取的措施虽不违反WTO有关协议,但是如果该措施导致其他成员国利益的丧失或受损,则其他成员国可向争端解决机构对该成员提起申诉。在该争端中,申诉方必须证明其根据有关协议享有的合理预期利益因被诉方的措施受损或丧失,被诉方则需作出补偿。将非违反性申诉纳入管辖范围,可以有效避免缔约方以此采取的一些规避协定的措施。

(2)对于上诉机构的设立。上诉机构作为争端解决机构的常设机构,负责审理争端当事方对专家组报告进行的上诉案件。且仅仅对专家组报告的法律问题和专家组作出的法律解释进行审查,而对事实不予审查。上诉机构作为常设机构,可推翻、修改或撤销专家组的法律调查结果和结论,这一类似国内“两审制”的规定保障了争议双方进一步申诉救济的权利,并更具公正性与合理性。

(3)对于“否定性协商一致”原则的通过方式的设立。争端机构通过报告采取“否定性协商一致”原则,即除非争端解决机构一致不同意通过相关报告,该报告即获得通过。确保了WTO争端解决机制报告的成功通过率与现实有效性。

(4)对报复手段适用的审慎性。如果被诉方未能执行有关裁决或建议,且未能提供令人满意

---

① Charles Manga Fombad, “Consultation and Negotiation in the Pacific Settlement of International Dispute”, *African Journal of International Comparative Law*, 1, 1989, pp. 707 – 724. 转引自钟立国:《论区域贸易协定争端解决机制的模式及其选择》,载《法学评论》2012年第3期。

② [美]约翰·H.杰克逊:《GATT\WTO法理与实践》,张玉卿等译,新华出版社2002年版,第29页。

③ 赵柯:《WTO争端解决机制述评》,载《当代法学》2003年第7期。

④ James Bacchus, “Groping Toward Grotius: The WTO and the International Rule of Law”, *Haward International Law Journal*, 2003, p. 533. 转引自张超、张晓明:《“一带一路”战略的国际争端解决机制研究》,载《南洋问题研究》2017年第2期。

⑤ 参见WTO《关于争端解决规则与程序的谅解》第26条。

的补偿,申诉方可以向争端机构申请授权报复,对被诉方中止减让或中止其他义务,且严格规定了"平行报复""跨部门报复""跨协议报复"层层递进关系,以防报复权利被滥用。同时报复手段需要"授权"而不能"自动"适用也很好的避免了过度报复。

2. 解决投资争端国际中心(ICSID)

对于国际商事主体而言,仲裁成为一项解决商事纠纷的重要手段。而现实生活中,尽管大多数的裁决能够得到当事人自愿自觉履行,但是也不乏出现裁决被拒绝履行的情况,故出现请求执行仲裁裁决方向当地法院申请对仲裁的承认与执行的情况。而为了便于这类跨国界的国际商事仲裁裁决的顺利执行,《关于解决国家和其他国民投资争端公约》便应运而生。而解决投资争端国际中心(ICSID)是依据《关于解决国家和其他国民投资争端公约》建立,受理缔约国与其他缔约国国民之间的争端投资(国家与外国投资者)[①]。从设立到现在,ICSID 现已成为促进国际投资与经济发展的强有力工具。

首先,它为外国私人投资者通过国际争端组织解决争端提供了便利和可能。这是因为管辖的专属性使得:(1)一旦当事人同意仲裁,有关争端不再属于一方缔约国国内管辖;(2)一旦双方以书面形式同意 ICSID 管辖,任何一方不得单方面撤销其同意;(3)一旦某国同意将争端诉诸 ICSID,则仲裁进行当中作为争端一方的该国缺席或拒绝出庭并不会妨碍仲裁程序的继续进行;(4)仲裁具有终局性,不得进行上诉或采取其他补救措施。

其次,ICSID 管辖具有排他性,排斥投资者本国的外交保护。可以认为对于发展中国家而言 ICSID 提供了一项中立的争端解决机制,以避免发达国家(外国私人投资者母国)对争端的不当政治介入与外交干预。在这个意义上,ICSID 为东道国即外国私人投资者提供了某种程度的博弈平台。

最后,由于一旦东道国违反《关于解决国家和其他国民投资争端公约》,外国私人投资者可以在平等的基础上进行交涉、救济。所以对于外国私人投资者来说,ISCID 在私人投资者与东道国之间创设了一个相对平等的博弈平台,更具安全感。

(二)区域性贸易争端解决机制

1. 欧盟(EU)自由贸易争端解决机制

欧盟作为经济一体化发展程度较高的区域性贸易组织,在其区域内建立了超国家的司法机构,即欧洲法院。[②] 欧洲法院对欧盟法律的实施具有极大作用,并为法律的实施提供了充足的保障。欧洲法院行使的职权包括:解释说明相关法律的职权,以确保欧盟法律的合理有效;行使以公平公正的法律为基础处理仲裁纠纷的职权;行使司法管辖权。具体来说欧盟(EU)自由贸易争端解决机制具有以下特点:

其一,欧盟争端解决机制是以"硬法"机制为主导,通常由严格的立法、执法程序和实施机构组成。[③] 如欧洲法院作出的判决具有强制约束力,而非简单的建议与意见。而作为世界上唯一拥有超国家司法机关的区域组织,欧盟争端解决机制呈现出的司法化性质不言而喻,使欧盟一体化的法律制度具有强制性的司法保障。

---

① 张潇剑:《论 ICSID 仲裁裁决的承认与执行》,载《法学研究》2007 年第 4 期。
② 蒋德翠:《区域争端解决机制探析》,载《商业经济研究》2013 年第 5 期。
③ 管俊兵:《"一带一路"语境下的中国区域贸易争端解决机制的模式选择》,载《现代国企研究》2015 年第 8 期。

其二,由于欧洲法院行使司法管辖权,所以可在《欧共体条约》范围内作为一个超越欧盟各成员国的司法机关,可以无须转化法律而直接合法管辖、处理发生的争议。这意味着通过欧盟(EU)自由贸易争端解决机制可以及时、便捷且最大限度地保障争端中利益受损方的利益并提供司法救济。

2. 北美自由贸易区(NAFTA)争端解决机制

NAFTA 是由发达国家与发展中国家共同参加,以《北美自由贸易协定》为依据的区域性经济组织,着眼于贸易及投资领域的争端解决。主要的几套争端解决机制包括:(1)投资争端解决机制(规定在第 11 章),当投资者认为东道国违背了第 11 章义务,可以直接起诉仲裁,准许投资者以个人名义启动争端解决机制且对投资者广泛定义——这一创新保证了私人投资者的参与权与利益。(2)反倾销反补贴税事项审查与争端解决机制(规定在第 19 章),由临时设立的两国专家组解决,但没有确定统一的实体规则和程序规则,只是作出原则性规定。(3)一般争端解决机制(规定在第 20 章),建立了一个在自由贸易委员会管理下的政府间的争端解决机制。(4)其他争端解决机制(规定在两个附属协定《北美环境合作协定》《北美劳工合作协定》)。由此可见,争端解决机制具有套数多、规则密、程序与实体相结合的特点,针对不同类型设立不同的争端机制更具针对性。

此外,NAFTA 还可以选择使用 WTO 争端解决机制与三套国际仲裁裁决,这是基于 NAFTA 的三个当事国都是 WTO 的成员国,申诉方对 WTO 和 NAFTA 下引起的争议有自由选择权,只要提前通知被诉方即可。选择一旦确定,那么该机构成为在此争端解决问题上的排他性机构。但是,如果存在实质利害关系的 NAFTA 第三方要求在 NAFTA 体制下解决,则争端应由 NAFTA 解决。

3. 中国——东盟自由贸易协定(CAFTA)争端解决机制

美国法人类学者鲍哈曾论述道:“一个社会的争端解决方式反映了这种文化的世界观,这种世界观平时隐藏在日常生活中,而在争端解决过程中突显出来。”[①]由于受到东盟原有的争端解决机制影响, CAFTA 争端解决机制与 EU 争端解决机制完全不同,它具有明显的“软法”特点。这可以体现在 CAFTA 争端解决机制的具体方式主要包括磋商、调解或调停、仲裁,但是并没有规定采用仲裁前提是磋商与调节,这也不同于 NAFTA 中磋商与调停是仲裁专家组的必经程序。总体上,CAFTA 可以更有效、更有针对性的解决该区域的争端:(1)CAFTA《争端解决机制协议》第 2 条确立了排他性管辖选择,明确的受案范围为 CAFTA 提供了一个明确的预期;(2)缔约各方享有合理的提供证据与辩护的机会,各方均能充分表达自己的意见,并能受到足够的重视;(3)执行程序具备一定的执行力和审慎性,这赋予了 CAFTA 真正的执行力——在仲裁庭作出裁决后,可以采取补偿、减让或利益中止的执行方式。尽管这一制度设计的执行方式仍有一些自助性,却使 CAFTA 具有了一定的效力。

(三)在“一带一路”背景下适用既有贸易争端解决机制的困局

1. 盲目适用既有全球性争端解决机制的困境

(1)盲目适用 WTO 争端解决机制的困境。

尽管 WTO 争端解决机制在促进全球合作中起到了重要的作用,更被誉为是“现代国际法皇

---

① P. H. Gulliver, *Dispute and Negotiations*, New York Academic Press, 1979, pp. 444 - 451. 转引自马永梅:《中国—东盟自由贸易区争端解决机制的法律剖析》,载《广西民族大学学报》(哲学社会科学版)2008 年第 1 期。

冠上的一颗明珠",但也有学者认为"这颗皇冠上的明珠已经黯然失色",①并通过数据实证分析到,在2008~2011年金融危机期间WTO争端解决机制使用数量大幅下降,且发展中国家较发达国家应用WTO争端解决机制能力明显不足——无论是作为申诉者主动启动争端解决程序的数量还是作为应诉者的数量均低于发达国家。

而在"一带一路"倡议背景下,沿线的60余个国家多数为中低收入的发展中国家,由于长期能力不足等原因,WTO争端解决机制利用率不高。例如,在"一带一路"沿线的WTO成员国中,除中国、印度、印度尼西亚、泰国、菲律宾、巴基斯坦,其他成员国援用WTO争端解决机制的次数较少。② 同时,战略沿线65国非WTO成员国高达15个,占据1/4的比例。据此,当贸易争端发生在"一带一路"倡议沿线国中的非WTO成员国,便无法有效诉诸WTO争端解决机制。

退而言之,即使争端发生在WTO成员国中,在"一带一路"倡议下照搬WTO争端解决机制也并非良策。这是因为,一来WTO争端解决机制是全球化多边体制下的争端解决方式,是发达国家和发展中国家之间相互妥协的产物,需要照顾不同国家的发展程度和法律传统。而"一带一路"沿线国家多为发展中国家,基于诉讼成本、程序规则以及对交叉报复的担忧等原因,存在适用WTO争端解决机制主动性不强和能力不足的问题③。二来WTO争端解决机制是以交叉报复作为一种法定的执行措施,带有浓重的强权色彩,与"一带一路"倡议、"和谐包容"、"互利共赢"的共建原则着实相悖。④ 此外WTO争端解决机制的报复措施必须经过授权且需要强大的经济力量支持,故实际上可谓是大国的游戏。例如,在美国赌博案中,胜诉方被授权报复,但由于美国可能在其他国际组织或经济组织中予以再报复或惩罚,不得不放弃报复措施。据此,WTO争端解决机制与"一带一路"倡议背景下的土壤格格不入,注定无法落地开花。

(2)盲目适用ICSID争端解决机制的困境。

ICSID争端解决机制在"一带一路"建设的适用过程中也存在明显不足。首先,在"一带一路"沿线65个国家中,并非所有的国家都加入了《华盛顿公约》。⑤ 其次,由于ICSID适用的赔偿标准要求"及时、有效、充分",赔偿金额巨大,将会加重东道国财政负担,据此沿线国家特别是投资地国均对ICSID争端解决机制抱有抵触心理。再次,ICSID裁决的互不协调和相互冲突是最为广泛诟病的缺点,⑥实践中,常常出现涉案国际协定与案情几乎完全一致却得到截然相反的裁决。最后,ICSID耗时长,每个机构和程序存在的问题程度不一。"一带一路"沿线国多为发展中国家,一般均会主张主权豁免,这将是适用ICSID面临的最大执行难题 。

2. 盲目照搬既有区域性争端解决机制存在的困境

照搬或者直接诉诸既有的区域性贸易争端解决机制来处理"一带一路"倡议背景下的国际贸易争端的可行性十分有限,主要原因还是归结于"一带一路" 沿线国家的实际情况的复杂性。具体包括:

---

① 赵骏:《"皇冠上明珠"的黯然失色 WTO争端解决机制利用率减少的原因探究》,载《中外法学》2013年第6期。

② 参见World Trade Organization:http://www. wto. org/english/tratop_e/dispu_e/dispu_status_e. htm,最后访问日期:2018年10月21日。

③ 陈咏梅:《发展中成员国利用WTO争端解决机制的困境及能力建设》,载《现代法学》2010年第3期。

④ 蒋圣力:《论"一带一路"战略背景下的国际贸易争端解决机制的建立》,载《云南大学学报法学版》2016年第1期。

⑤ 沿线65个国家中有51个加入了该公约,3个签署了该公约但尚未批准实施。

⑥ 王贵国:《"一带一路"战略争端解决机制》,载《中国法律评论》2016年第2期。

(1)尽管“一带一路”沿线65个国家中,加入了双边或多边经贸协定的不在少数,但大部分RTA争端解决的条款规定较为简单。[①] 且当前国际经济贸易领域既有的建立在RTA基础上的区域性“经济区”具有自身显著特点,即要求区域成员是一个紧密联系的经济合作体。无论是CAFTA争端解决机制,还是欧盟争端解决机制,与NAFTA均具备强烈的区域特色。古语有云“橘生淮南则为橘,生于淮北则为枳,叶徒相似,其实味不同”,所以不能忽略“一带一路”沿线国特有的“土壤”而盲目生搬硬造。

(2)无论是CAFTA争端解决机制、EU争端解决机制,还是NAFTA争端解决机制,均有其自身的特色且存在不同程度的固有缺陷,这就决定了对其不能简单地盲目照搬,单纯模仿移植对构建“一带一路”倡议背景下的争端解决机制没有意义。

①欧盟(EU)争端解决机制:欧盟(EU)争端解决机制对成员国的主权限制比较大,需成员国让渡主权,适用于一体化程度较高的区域贸易组织,并不适用于“一带一路”沿线国家的实际情况。

②NAFTA争端解决机制:第一,NAFTA的仲裁专家小组程序和WTO的专家小组程序相比,虽然都是争端方以外的第三方解决争端的司法程序,但其受争端方控制的程度强于WTO专家小组程序,司法性不如WTO程序鲜明。第二,NAFTA投资争端解决机制的具体实践不足,且既没有独立的程序规则,也没有确定在一个相对固定的仲裁专家名单来处理投资争端以增强对条文解释的一致性。第三,NAFTA争端解决机制与其他争端解决机制的协调问题。在美国诉加拿大农产品关税案中,NAFTA成员国加拿大在NAFTA承担的义务与WTO义务冲突时对于具体义务的承担产生分歧。第四,NAFTA争端解决机制的专家组的管辖权和对弱国利益的保护问题,均未得到妥善解决。

③CAFTA争端解决机制:第一,在CAFTA争端解决机制中,采用的是仲裁方式并且仲裁结果具有终局性的法律效力。这将会产生一个不容忽视的问题——上诉机构的缺失致使在仲裁庭组成的不当或裁决的不公等情况下,没有进一步权利救济的途径。第二,由于CAFTA争端机制不涉及作为投资者的企业、自然人与东道国政府发生投资争端的情况,因此在发生这样的情况下只能通过本国政府或东道国政府启动争端解决,或者根据东道国的有关法律寻求救济。在经济体没有建立自由贸易区的情况下,此种法律救济途径颇显无奈。第三,CAFTA争端解决机制的具体方式主要包括磋商、调解或调停、仲裁,但是从规则内容上看,过于笼统且不利于具体操作。第四,仲裁庭设置上,CAFTA争端解决机制的仲裁庭是为争端解决而设立的临时性仲裁庭,一方面不利于提高仲裁效率、保持政策的一致性与连贯性,另一方面与国际上各大仲裁规则不符。第五,在惩罚措施上,《中国—东盟争端解决机制协定》第13条对惩罚水平没有明确规定。放眼NAFTA争端解决机制与WTO争端解决机制均对惩罚水平予以要求,要求应与利益损害水平相当。而CAFTA要想争端得到公平的解决,必须对惩罚的水平予以明确约定。第六,制度与实践分离。CAFTA争端规则形同虚设,表现在出现争端后当事方很少启用CAFTA,仍偏向使用协商、调停或第三方斡旋等方式解决。

---

① 多数条款选择通过协商解决争议,对于通过仲裁解决争议也没有细致明确的安排。

四、“一带一路”倡议下争端解决机制的选择与构建

“一带一路”倡议对我国经济贸易的发展起着显著的作用,推动着我国经贸的长足发展。我国经济贸易的往来不断增加,国际商业交易与国际商事争议相伴而生。“一带一路”建设在促进沿线国家商业交往的同时,也将无可避免地导致国际商事争议的产生。正如前述,既有的贸易争端解决机制对于中国主导的“一带一路”倡议下的适用存在困局,并不能解决新时代语境下的贸易争端,而削足适履也只会适得其反难以为继。但需要看到的是,既有的国际贸易争端解决机制中仍有值得借鉴之处:即综观不同的纠纷解决机制,它们在解决模式、机构设置等方面均是紧扣紧密联系的具体经济组织与区域内各个国家的国情,而没有“万能模板”。据此为更好解决“南橘北枳”的现实问题,实事求是、因地制宜地为“一带一路”沿线国家量体裁衣,建立符合“一带一路”倡议特色的争端解决机制具有重要意义。

但与之对应的现实是,“一带一路”倡议作为国家顶层政策规划,却仍未有为沿线国家贸易纠纷而建立起的一套具备“一带一路”倡议特色的独立的、有针对性的争端解决机制,这将成为制约“一带一路”倡议的短板。若没有相应的争端解决机制应对国家商贸争议,将可能致使争议升级,甚至阻碍沿线国家的商业交往,为彼此间的贸易安全和稳定性带来了巨大的挑战,最终“一带一路”的战略意义有可能沦为一纸空谈。因此,构建一套公正、高效、权威、多元的贸易争端解决机制就成了我国当前的管理重点。在构建争端解决机制的过程中必须要在保持自己的想法的同时尊重沿线国家的想法,创造一个互相包容、互相理解的贸易往来环境,促进我们与合作国家的经济、文化交流,通过更深层次的合作关系,为国际社会提供良好的贸易往来环境。从这个角度出发,“一带一路”倡议下争端解决机制的选择与构建可以从建立中国国际商事法庭、建立“一带一路”商事仲裁中心、构筑“一带一路”商事争议调解机制入手,更好地服务于“一带一路”倡议。

(一)建立中国国际商事法庭

提出建立中国国际商事法庭基于三点考虑:一是国际商事法庭已经有长期的历史沉淀并且具有较高的司法价值。经过几百年的发展,商事法庭的制度体系依然成熟,这是我国设立中国国际商事法庭的历史基础。[①] 二是国际商事纠纷解决机制滞后于国际商事活动的发展。目前,国际商事纠纷的和解、调解、仲裁以及诉讼四种解决方式均有其局限性,难以有效应对新形势下出现的国际商事纠纷。[②] 三是近年来国际上掀起了设立国际商事法庭的热潮。2004 年,迪拜设立国际金融中心法庭;2015 年,新加坡设立国际商事法庭;2016 年,英国设立英格兰及威尔士商事与财产法庭;荷兰、比利时以及法国等国家也投入到国际商事法庭设立中。各国纷纷设立国际商事法庭,其根本动因在于谋得司法主动权,这是我国设立国际商事法庭的国际背景。[③]

2018 年 1 月 23 日,中央全面深化改革领导小组审议通过《关于建立“一带一路”国际商事争端解决机制和机构的意见》(以下简称《意见》),提出在最高人民法院设立国际商事法庭。作为对该意见的贯彻落实,2018 年 6 月 25 日由最高人民法院审判委员会第 1743 次会议通过《最高人民法院关于设立国际商事法庭若干问题的规定》(以下简称《规定》),并自 2018 年 7 月 1 日起施

① 谷浩、林玉芳:《中国国际商事法庭构建初探》,载《大连海事大学学报》(社会科学版)2018 年第 4 期。
② 漆彤、芮心玥:《论“一带一路”民商事争议解决的机制创新》,载《国际法研究》2017 年第 5 期。
③ 谷浩、林玉芳:《中国国际商事法庭构建初探》,载《大连海事大学学报》(社会科学版)2018 年第 4 期。

行。《规定》用 19 条规定对我国国际商事法庭在现行制度框架内对于法律地位、案件管辖范围、审判人员的组成以及外国法查明等方面进行革新,但在管辖权、法官任免、诉讼程序上仍保持与普通人民法院一致的实践。[①]

《规定》第 1 条即确立了我国国际商事法庭在法律上的地位,其规定:“国际商事法庭是最高人民法院的常设审判机构。”这说明我国国际商事法庭是最高人民法院的内设机构,其作出的判决和裁定即为最高人民法院的判决和裁定,当事人不服依法不能提起上诉,只能向最高人民法院本部申请再审。从已设立国际商事法庭的各国的实践来看,新加坡和法国都将国际商事法庭设立在隶属于最高法院的高级法院,英国则将其设置于英格兰和威尔士高等法院王座法庭,而德国联邦议会公示的《引国际商事审判庭的立法草案》则规定各州政府可以在中级法院设立国际商事法庭。[②] 只有我国将国际商事法庭建制在一审终审最高审级内。

《规定》第 2、3 条即明确了我国国际商事法庭的受理范围。第 2 条规定:“国际商事法庭受理下列案件:(一)当事人依照民事诉讼法第三十四条的规定协议选择最高人民法院管辖且标的额为人民币 3 亿元以上的第一审国际商事案件;(二)高级人民法院对其所管辖的第一审国际商事案件,认为需要由最高人民法院审理并获准许的;(三)在全国有重大影响的第一审国际商事案件;(四)依照本规定第十四条申请仲裁保全、申请撤销或者执行国际商事仲裁裁决的;(五)最高人民法院认为应当由国际商事法庭审理的其他国际商事案件。”第 3 条规定:“具有下列情形之一的商事案件,可以认定为本规定所称的国际商事案件:(一)当事人一方或者双方是外国人、无国籍人、外国企业或者组织的;(二)当事人一方或者双方的经常居所地在中华人民共和国领域外的;(三)标的物在中华人民共和国领域外的;(四)产生、变更或者消灭商事关系的法律事实发生在中华人民共和国领域外的。” 由上述可知,在管辖权问题上,我国国际商事法庭以当事人协议选择法院作为确立管辖的首要基础。其次,基于强制性与合意性原则,及国际性和商业性双重标准,将我国国际商事法庭的管辖范围限于具有国际性质的商事以及狭义海商的案件,划清国际商事法庭与国内各级人民法院管辖的界限。

《规定》第 4、5 条即对审判人员的组成作出规定。第 4 条规定:“国际商事法庭法官由最高人民法院在具有丰富审判工作经验,熟悉国际条约、国际惯例以及国际贸易投资实务,能够同时熟练运用中文和英文作为工作语言的资深法官中选任。”第 5 条规定:“国际商事法庭审理案件,由三名或者三名以上法官组成合议庭。合议庭评议案件,实行少数服从多数的原则。少数意见可以在裁判文书中载明。”审判人员的组成是国际商事法庭的关键所在。国际上有三种不同的商事法庭审判人员的组成模式:一是专业人士单一制,其审判人员由商人组成。二是混合模式,即以职业法官为主,专业人士为辅的审理模式。[③] 三是纯职业法官,这也是《规定》规定的模式。我国运用纯职业法官模式时要注意拓宽法官的任职来源,不仅要选拔具备国际商事审判专业知识的法官,还要吸纳拥有在商事领域资深的专家学者、经验丰富的律师加入到审判队伍中。

《规定》第 8 条规定了我国国际商事法庭适用外国法的查明途径。其规定:“国际商事法庭审理案件应当适用域外法律时,可以通过下列途径查明:(一)由当事人提供;(二)由中外法律专家

---

① 卜璐:《“一带一路”背景下我国国际商事法庭的运行》,载《求是学刊》2018 年第 5 期。

② 张丽英:《海商法》(第四版),中国政法大学出版社 2015 年版,第 1 页。

③ 贺万忠:《国际海事诉讼法》,世界知识出版社 2009 年版,第 442 ~ 443 页。

提供;(三)由法律查明服务机构提供;(四)由国际商事专家委员提供;(五)由与我国订立司法协助协定的缔约对方的中央机关提供;(六)由我国驻该国使领馆提供;(七)由该国驻我国使馆提供;(八)其他合理途径。通过上述途径提供的域外法律资料以及专家意见,应当依照法律规定在法庭上出示,并充分听取各方当事人的意见。”第8条条文细化了各种外国法查明途径,但是《规定》并没有对外国法查明的范围出规定。只提供成文法即可,还是要提供相关的判例、司法解释及法理分析呢? 对于这一问题《规定》并未具体化。对于没有细化的规定,笔者认为在现阶段当事人可以提供成文法以及判例为主,司法解释与法理分析为辅的形式来提供外国法。这种做法有利于促进当事人之间的争议高质高效解决。

《规定》还对专家委员会、境外证据材料、取证及质证方式、诉讼与调解和仲裁的衔接、信息化平台建设等方面作出了规定,我国国际商事法庭迈上了新的台阶。在看到我国国际商事法庭的前景同时也要警惕面临的外部竞争。迪拜、新加坡、卡塔尔、英国、阿布扎比等国家的国际商事法院已成熟运作,荷兰、法国、比利时等国也正在筹建其国际商事法庭,我国国际商事法庭面临着如何在群雄中占据一席之地的问题。我国国际商事法庭的发展运行必须依托“一带一路”倡议,建立国际商事专家委员会制度,倡导“一带一路”建设参与国的法律专家参与纠纷解决,使国际商事争端解决机制凸显国际化、中立化和专业化特征,力求超越国界的最佳争议解决方案,为国际法治提供了新型合作平台,将成为全球法治建设一道新的亮丽风景。另外,对促进国际商法的协调与融合、减少法律冲突、便利法院民商事判决和仲裁裁决的跨境执行、增进国际合作与互信、推动国际商事法律体系不断完善与进步等,都具有重要意义。

(二)建立“一带一路”国际商事仲裁中心

国际商事争议的解决方式主要包括诉讼和仲裁两种。但是,涉外商事诉讼中仍不同程度存在涉外文书送达周期长、跨境调查取证难、域外证据公证认证程序繁琐、部分法官专业能力不足、裁判尺度不统一等问题。反观,仲裁具有自愿性、灵活性、简便性、保密性、裁决的可执行性等特点,因此仲裁成为国际商事争议中最重要的解决方式。[①] 国际商事仲裁是国际商事交往中不同国家当事人通过协议自愿将其争议提交仲裁解决,由仲裁庭依据法律或者依公平原则作出裁决,并约定自觉履行该项裁决所确定义务的一种制度。

目前,在“一带一路”沿线国家中,大部分都依据《国际商事仲裁示范法》制定了本国的仲裁法律制度。“一带一路”沿线国家绝大部分也已经加入《纽约公约》,仅个别国家如东帝汶、马尔代夫、伊拉克等不是公约成员国。换言之,根据《纽约公约》,仲裁裁决在“一带一路”沿线的绝大多数国家都可以得到承认与执行。[②] 此外,“一带一路”沿线还有众多专门的仲裁机构,如新加坡国际仲裁中心、吉隆坡区域仲裁中心、柬埔寨国家商事仲裁中心、越南国际仲裁中心、迪拜国际仲裁中心、开罗国际商事仲裁区域中心、俄罗斯工商会国际商事仲裁院等。其中,柬埔寨国家商事总裁中心和吉隆坡区域仲裁中心等还与环宇中国东盟法律合作中心签署了合作协议。这些成熟的国际商事仲裁立法和实践,都将成为“一带一路”国际商事仲裁的重要资源。[③]

中国仲裁行业经过多年的发展,已经迈上了新的台阶。为了能更好推进“一带一路”,更好地

① 郑旭文:《“一带一路”倡议下多元化争端解决机制的建构》,载《大连海事大学学报》(社会科学版)2018年第5期。
② 伍俐斌:《香港建设“一带一路”仲裁中心的机遇、挑战与路径》,载《特区实践与理论》2018年第3期。
③ 石春雷:《国际商事仲裁在“一带一路”争端解决机制中的定位与发展》,载《法学杂志》2018年第8期。

在国际贸易争端中显示中国仲裁的力量，我国各仲裁机构“各显神通”来与国际接轨。2017 年 5 月 9 日，北京仲裁委员会与吉隆坡区域仲裁中心、开罗地区国家商事仲裁中心联合发起“一带一路仲裁行动规划”。于 2017 年 3 月 27 日在中国法学会的指导和协调下，北京仲裁委员会与内罗毕国际仲裁中心正式成立北京中心和内罗毕中心作为中非联合仲裁中心。2017 年 11 月 10 日，深圳仲裁委员会、深圳市公平贸易促进署、深圳市“一带一路”经贸战略研究院等四家单位在论坛上共同签署了《关于“一带一路”法律保障框架协议》，整合优势资源，诚信合作，共同为深圳“走出去”企业提供有力有序有效的规则支撑和法律保障。截至 2018 年，深圳国际仲裁院仲裁员名册基本实现了“一带一路”沿线主要国家全覆盖，覆盖国家（地区）总数达到 76 个。境外仲裁员占仲裁员总数比例高于 40%，仲裁员结构的进一步国际化，有利于共建国际商事争端解决机制，促进“一带一路”营商环境建设。2017 年 12 月 6 日，“一带一路”（中国）仲裁院 PPP 仲裁中心在武汉揭牌成立。PPP 仲裁中心主要服务于“一带一路”倡议，带领武汉市乃至全国企业“走出去”，其旨在为 PPP 项目纠纷提供法律支持，促进重大 PPP 项目落地，完善社会资本退出渠道和机制。2018 年 6 月 23 日，广州仲裁委员会副主任王天喜在“粤港澳大湾区法律服务高峰论坛”上表示，仲裁是通行于商人世界的“万民法”，“一带一路”沿线国家中仅 4 个国家不是《纽约公约》缔约国，这意味着仲裁是最适合“一带一路”的纠纷解决方式。2019 年 5 月 28 日，广州仲裁委员会与泰国大拓律师事务所签订《中泰仲裁调解中心共建协议》，以期为“一带一路”建设过程中的中外当事人提供优质便捷的仲裁服务，深化对外交流、促进多方合作是实现各方共同繁荣发展的共赢之路。

2015 年最高人民法院颁布的《关于人民法院为“一带一路”建设提供司法服务和保障的若干意见》第 11 条提及，要支持发展多元化纠纷解决机制，依法及时化解涉“一带一路”建设的相关争议争端，同时要充分尊重当事人根据“一带一路”沿线各国政治、法律、文化、宗教等因素作出的自愿选择，支持中外当事人通过调解、仲裁等非诉讼方式解决纠纷。要进一步推动完善商事调解、仲裁调解、人民调解、行政调解、行业调解、司法调解联动工作体系，发挥各种纠纷解决方式在解决涉“一带一路”建设争议争端中的优势，不断满足中外当事人纠纷解决的多元需求。据此，现阶段构建“一带一路”国际上商事仲裁中心成为一个重要选择与思路。“一带一路”国际商事仲裁中心有具体意义和抽象意义上的中心之分。具体意义上的中心，是指我国相关部门联合国际上知名或“一带一路”沿线有代表性的仲裁机构成立“一带一路”国际商事仲裁联盟；抽象意义上的中心，要通过提升一国或一地的司法公信力或仲裁的国际影响力，来吸引“一带一路”争议方在选择仲裁时优先考虑将特定国家或地区作为其仲裁协议的仲裁地。① 本文所述的“一带一路”国际商事仲裁中心指后者，要建立“一带一路”国际商事仲裁中心需要：

一是在国家层面明确“一带一路”国际商事仲裁中心的构想与设计。国家要从宏观上探索建立“一带一路”国际商事仲裁中心，创造一流的仲裁法治环境、一流的仲裁法律制度、一流的仲裁管理服务、一流的仲裁品牌机构，使中国成为国际商事仲裁目的地、成为世界级国际商事仲裁中心。同时，注重顶层设计与具体实践相结合，继续鼓励司法机关和社会组织不断推陈出新，培育可供复制的“中国经验”，然后逐步推向世界。②

---

① 祁壮：《构建国际商事仲裁中心——以〈仲裁法〉的修改为视角》，载《理论视野》2018 年第 7 期。

② 石春雷：《国际商事仲裁在“一带一路”争端解决机制中的定位与发展》，载《法学杂志》2018 年第 8 期。

二是对《仲裁法》进行修改,增加对“一带一路”国际商事仲裁中心相关规定。我国现行《仲裁法》不适用于“一带一路”国际商事仲裁中心的运行。因此,要对我国现行《仲裁法》进行修改,为“一带一路”国际商事仲裁中心的建设提供制度和规则的保障。首先,需要修改的是应该肯定临时仲裁的作用,以法律形式确定临时仲裁制度,贯彻当事人意思自治原则,对临时仲裁员的产生办法、仲裁庭的组成、仲裁地点及裁决纠纷所适用的程序规则等,作出相应规定。其次,“一带一路”国际商事仲裁中心的组织机构、程序规则、管辖权、仲裁员名册、上诉机制、执行机制等都需要相继制定。可以由我国最高人民法院牵头,组织国际商事争议方面的专家学者制定草案,然后通过召开大会的方式,提交“一带一路”沿线各国政府讨论,通过讨论与协商,达成一致意见后请各国政府代表商谈并签署正式协议。

三是整合法律服务资源,提高仲裁服务水平。“一带一路”沿线国家和地区具有不同的法律环境和文化背景,既有大陆法系国家和地区,也有普通法国家和地区,还有实行伊斯兰法的国家和地区。为了能更好服务“一带一路”沿线国家,“一带一路”国际商事仲裁中心应加强和其他国家及地区的仲裁机构的合作,适当放宽仲裁员的国籍与职业要求,加强“一带一路”仲裁员的专业培训,提升仲裁机构专业化程度和业务水平,体现仲裁员队伍的包容性与专业性,提高国际化水平。

四是提供在线解决国际商事争端服务。随着互联网技术的迅猛发展,各种媒介和电子、网络技术在全球治理中发挥着日益重要的作用。在这种背景下,一种专门迎合网络时代的更加高效能、低成本、便捷的在线纠纷解决机制 ODR(Online Dispute Resolution)正悄然兴起,在线仲裁正是其中之一。ODR 在世界各地发展非常快,目前在美国、印度、中国、加拿大及其他地区,无论是公共机构还是私人组织,均广泛利用科技发展纠纷解决机制。[①] 从全球发展趋势来看,仲裁方式的完善和发展对仲裁制度逐步完备起着至关重要的作用,在仲裁方式中扮演着不可替代的角色,在线纠纷解决机制必将在未来争端解决体系中占据重要席位。在我国,已经有部分仲裁机构开始线上仲裁业务,2015 年 10 月,广州仲裁委员会发布了《中国广州仲裁委员会网络仲裁规则》,正式开展在线仲裁业务;2017 年 4 月,上海仲裁委员会正式开通网上在线立案平台,向在线仲裁迈出了第一步;北京仲裁委也正在筹备在线仲裁服务。将线上服务与线下服务相结合的方式来解决国际商事仲裁以及解决“一带一路”跨国争端,是大势所趋。因此,构建“一带一路”国际商事仲裁中心需要顺应潮流搭建新的在线仲裁平台。一方面,健全互联网技术的支持,保障在线仲裁的稳定、顺畅运行,完善仲裁信息的加密处理工作,保障在线仲裁信息的安全性;另一方面,创设“一带一路”在线仲裁规则,根据互联网特性对在线仲裁程序、举证方式等内容进行合理调整和合理优化,在兼顾“一带一路”沿线各国利益的基础上,不断完善相应的配套机制。

五是注意“一带一路”商事仲裁中心与国际仲裁的衔接。“一带一路”国际商事仲裁中心要成为具有国际影响力的仲裁中心就必须与国际仲裁接轨。不仅要与仲裁规则、仲裁程序要接轨,还要与国际上具有影响力的商事仲裁机构合作,共同参与争端解决。在制定新的国际商事仲裁规则时,可以适当参考国际商会仲裁院、伦敦国际仲裁院等世界主要国际仲裁中心较为成熟的仲裁规则,以增强国际对“一带一路”国际商事仲裁中心仲裁规则的接受度。另外,还要确定排除性管

① 石春雷:《国际商事仲裁在“一带一路”争端解决机制中的定位与发展》,载《法学杂志》2018 年第 8 期。

辖，避免与WTO规则或某一RTA规则相冲突，NAFTA一般争端解决机制在美国诉加拿大农产品关税案中的教训在于——NAFTA成员国加拿大在NAFTA承担的义务与WTO义务冲突时对于具体义务的承担产生分歧。对此，应以排除性管辖的方式应对上述争端解决的管辖权冲突问题——向ICSID争端解决机制学习：首先，允许争端当事人自由地选择争端解决方式，但一旦当事人同意仲裁，那么管辖就具有专属性，任何一方不得单方面撤销其同意，且即使仲裁进行当中作为争端一方的该国缺席或拒绝出庭并不会妨碍仲裁程序的继续进行。这一方式也是国际社会避免RTA与WTO争端解决之间冲突的主要方式。

仲裁是一种最接近司法的争端解决方式，国际商事仲裁具有独特的解纷优势。在"一带一路"建设不断发展的进程中，国际商事仲裁中心不可以缺席。只有不断与"一带一路"沿线国深化合作，充分运用双边、多边机制，完善我国仲裁机构、仲裁制度、仲裁方式，才能应对挑战，抓住机遇，增强我国仲裁在国际上的公信力和影响力。

（三）构筑"一带一路"商事争议调解机制

《意见》提到，要支持"一带一路"国际商事纠纷通过调解、仲裁等方式解决，推动建立诉讼与调解、仲裁有效衔接的多元化纠纷解决机制。这为发展"一带一路"商事调解提供了新的历史机遇。调解制度被誉为"东方瑰宝"，相较于诉讼与仲裁等"对抗式"的争议解决机制，其体现了中国传统文化互谅互让、以和为贵的思想，被中外司法界普遍认同。具体来说，商事调解的优势主要表现在：一是可以降低纠纷解决成本。相对于高昂的诉讼费与仲裁费，通过商事调解能够大为节省诉讼费用。二是减少社会资源的消耗。商事主体在争议解决过程中只需要投入少量的人力、物力和财力，就可解决商事纠纷。三是可以防止商业秘密泄露。调解过程中，尽管可能需要公开商事主体的商业计划、内部资讯等，但基于保密原则的要求，可以有效防止商业秘密的泄露。四是维持商业合作关系。商事调解更多地依靠商事主体的意思自治和有效沟通，这将更有可能维护当事人之间的友好关系和合作关系。① 综上所述，商事调解更为尊重商业活动的基本规律，具有诸多其他争议解决方式所不具备的独特优势，因而更为契合国际商事争议解决的需要。

最高人民法院一直十分重视推进调解工作的发展，2016年6月发布《关于人民法院进一步深化多元化纠纷解决机制改革的意见》（以下简称《意见》）和《关于人民法院特邀调解的规定》，合理配置纠纷解决的社会资源，建设功能完备、形式多样、运行规范的诉调对接平台，畅通纠纷解决渠道，构建了具有中国特色的特邀调解制度。《意见》高度重视调解在解决国际商事纠纷中的作用，构筑"一带一路"商事争议调解机制需要：一是需要培育现代国际商事调解组织，明确指出要支持具备条件、在国际上享有良好声誉的国内调解机构开展涉"一带一路"国际商事调解，在政策与制度层面上帮助其摆脱发展过程中遇到障碍与约束。二是"见贤思齐焉"，向国际商事调解组织学习借鉴其国家调解组织的调解规则和程序，使自身的调解规则与程序更具国际化与专业化。三是培养商事调解人才。《意见》指出，要注重培养和储备国际化法律人才，建立"一带一路"建设参与国法律人才库，鼓励精通国际法、国际商贸规则以及熟练运用外语的国内外法律专家参与到争端解决中来。另外，支持有条件的律师事务所参与国际商事调解，充分发挥律师在国际商事调解中的作用，畅通调解服务渠道。四是保障调解协议执行，推动诉讼、仲裁、调解的有机衔接。调

① 廖永安、段明：《我国发展"一带一路"商事调解的机遇、挑战与路径选择》，载《南华大学学报》（社会科学版）2018年第4期。

解能在"一带一路"商事争议解决机制中有一席之地，就必须要保障调解协议能被执行。这就要求：一是充分发挥中国国际商事法庭的作用，经"一带一路"国际商事调解机构为主持达成的跨境商事调解协议，可由国际商事法庭制作调解书，以此获得强制执行力。二是制定"一带一路"沿线国家的区域性商事调解协议执行公约，明确调解协议的法律效力和执行力，以此促进"一带一路"商事调解协议的快速执行，从而推广商事调解在"一带一路"沿线国家的适用。① 三是加强"一带一路"商事调解机构与其他国际仲裁机构的合作，后经国际仲裁机构确认后，调解协议可转化为具有执行效力的仲裁裁决。当事人借助《承认及执行外国仲裁裁决公约》使其获得的裁决能在世界范围内执行。

面对"一带一路"建设过程中日益增长且多元的争议解决需求，我们应当顺应时代发展潮流，积极发展"一带一路"商事调解，以此保障"一带一路"建设中的商事争议能够及时有效地化解。

五、结语

习近平主席指出，在全球化的进程中，各国逐渐形成利益共同体、责任共同体、命运共同体。无论前途是晴是雨，携手合作、互利共赢是唯一正确选择。在当前国际经济下行的大环境下，"一带一路"是为助力沿线国家实现现代化，促进世界共同发展贡献的中国智慧，符合各国共同利益，应当得到国际的大力支持。而构建一套与"一带一路"沿线国家社会经济文化相适应公正合理的争端解决机制，是推进"一带一路"倡议，是中国捍卫多边主义，顺应人类社会发展进步潮流的应然之举。虽然目前我国还处在设立国际商事法庭，组建国际商事专家委员会阶段，但是我国立足于顶层设计，不断创新理念，深化司法改革，将优秀司法力量充实到国际商事法庭，吸引优质专家资源参与国际商事纠纷的解决，积极培育并完善国际商事诉讼和调解、仲裁有机衔接的多元化纠纷解决机制，能够更好解决国际商事纠纷，切实满足中外当事人多元纠纷解决需求。假以时日必将极大提升中国司法的公信力，提高涉外法律服务水平，营造稳定、公平、透明、可预期的法治化营商环境。

Constructing a Fair and Reasonable Dispute Settlement Mechanism under the "one belt and one road" Initiative

By Zhang Yingying, Wu Yunyang

Abstract: The "one belt and one road" initiative is a major step taken by China to promote global connectivity. Practice has proved that "one belt and one road" is the road of cooperation and win－win in carrying forward the spirit of the ancient Silk Road. However, in order to safeguard their narrow national interests, some western countries have made efforts to promote unilateralism and protectionism, create trade frictions all over the world, which adversely affected international economic cooperation and the common development of mankind. Under such circumstances, it is of great significance to construct a "one belt and one road" fair and reasonable dispute settlement mechanism. Although "one belt and one road" is undoubtedly a regional development strategy, it is

① 廖永安、段明：《我国发展"一带一路"商事调解的机遇、挑战与路径选择》，载《南华大学学报》（社会科学版）2018 年第 4 期。

also different from the traditional regional integration mode. This is because the "one belt and one road" has broken through the traditional regional restrictions and blocks, and no longer restricted the number and country of the members. Based on the analysis of the feasibility and experience of the current international dispute settlement mechanism, a multi - dimensional dispute settlement mechanism with links between the international commercial tribunal, the International Commercial Arbitration Center and the international commercial mediation mechanism should be established to continuously meet the multiple requirements of dispute settlement between Chinese and foreign parties and form a fair, professional, efficient, transparent, convenient and low - cost international commercial dispute settlement system. The mechanism is of epochal significance.

Key words: "One Belt and One Road" Initiative　Dispute Settlement Mechanism　International Commercial Court　International Commercial Arbitration Center　International Commercial Mediation Mechanism

（责任编辑:徐朝霞）

仲裁实务

商事仲裁机构的经济法主体地位证成

莫旻丹*

内容提要　确立商事仲裁机构的经济法主体地位，是我国商事仲裁机构向“市场化”转型的必然结果，也是我国仲裁服务市场融入市场经济体制的重要标志。出于商事仲裁机构主体性质的非营利性，行为的司法性，和责任能力上的“行政依赖”，司法实践并未明确承认商事仲裁机构的经济法主体地位。然而，主体性质的非营利性不影响商事仲裁机构实施营利行为，商事仲裁机构的司法性行为和市场经济行为应区分看待，且商事仲裁机构“去行政化”的进程也需要经济法责任主体的参与。在经济法视域下，商事仲裁机构属于市场主体，需在社会影响和价值判断的前提下受经济法调整，并以自身的责任能力承担法律责任。

关键词　商事仲裁机构　仲裁服务市场　经济法主体

商事仲裁机构的“市场化”是我国仲裁界一直呼吁和推进的命题。“去行政化”是我国商事仲裁机构完成“市场化”转型的第一步，此后，我们仍应思考，“去行政化”后的商事仲裁机构如何在法治的框架内参与市场活动。“市场化”一词在商事仲裁机构的转型过程中包含了两个层次的意义：一是获得独立参与市场活动的资格，二是在市场活动中同其他场内主体一起接受法律的规范①。仲裁法作为程序法，难以充分回应商事仲裁机构在市场经济活动中的制度需要。而在经济法视野下，商事仲裁机构需要的市场经济制度有现成的答案可供参考。问题在于，作为一种旨在实现社会公益功能、具有司法性、且对行政力量有路径依赖的机构，我国商事仲裁机构能否成为经济法调整的主体②对象？从司法实践来看，商事仲裁机构没有获得明确的经济法主体地位。从理论研究来看，商事仲裁机构的主体地位尚未引起经济法学界的重视。本文拟从经济法主体地位证成的“主体—行为—责任”框架③出发，分析我国商事仲裁机构的经济法主体地位，并提出符合我国商事仲裁机构特点的构建方案。

一、问题的提出

（一）商事仲裁机构的非营利性与经济法主体资格之间的张力

商事仲裁机构具有非营利性。《仲裁法》（2017 年）只明确商事仲裁机构不属于行政机关

* 西南政法大学经济法学院博士研究生。

① 如我国存在的仲裁市场分割问题，除了通过完善《仲裁法》增加场内竞争者以提高仲裁服务市场的竞争程度以外，还可以通过《反垄断法》或者《反不正当竞争法》对分割市场的行为加以规制。此时商事仲裁机构与其他的市场主体一起接受竞争法的规制。

② 本文在界定商事仲裁机构的经济法主体地位时，采取了如下的逻辑判断：按照经济法主体的“政府—社会中间层—市场”分类，“去行政化”后的商事仲裁机构不属于政府主体，故将其纳入社会中间层或市场主体的判断框架下。本文中所述的“经济法主体”实质是经济法语境下的“社会中间层主体”或“市场主体”。

③ 蒋悟真：《传承与超越：经济法主体理论研究——以若干经济法律为视角》，载《法商研究》2007 年第 4 期。

的一种[①],但该条只解决了商事仲裁机构的独立性问题,没有解决法律定位问题。迄今为止学界对商事仲裁机构法律性质的定位可分为如下三种:中介组织[②],民间组织[③],非营利社团法人[④]。中介组织是我国仲裁界对商事仲裁机构最初的法律定位,它渊源于我国制定《仲裁法》(1993 年)时,相关的市场经济法治方兴未艾,许多原本在计划经济体制下带有国家行政机关定位性质的主体在转型成为市场主体时,尚未有现成的法律主体理论对这些主体进行明确的定位,提供包括仲裁在内的验证、鉴定、公证等服务的组织被界定为中介组织[⑤]。中介组织的法律定位揭示了商事仲裁机构独立于行政机关,并面向市场提供服务的本质特性,并最终在我国加入 WTO 的报告中得到肯定[⑥]。民间组织是我国商事仲裁机构"去行政化"得到学界和实务界统一认识后,在"民间化"呼吁中诞生的法律定位。这一法律定位,揭示了商事仲裁机构的民间性特征。非营利社团法人的法律定位是近年来学界较为流行的观点,这一定位回归民商法视野下的法律主体分类理论,根据商事仲裁机构的特征对其抽象化,并以此回应我国《民法通则》中法人的分类。实务界中还流行将商事仲裁机构定位于事业单位的观点[⑦],这种观点虽在学界受到一定的批判,但揭示了商事仲裁机构的公益性质。无论是中介组织,民间组织,非营利社团法人还是事业单位,这些在理论上有着各自内涵的语词实际上都指向了商事仲裁机构的非营利性[⑧]。

商事仲裁机构的非营利性与经济法主体资格的营利性要件之间存在冲突。经济法视域下主体地位的判断标准并非经济法理论所独有,部门法主体之间的交叉互通性,以及经济法渊源与民商法和行政法之间的"混合法域",决定了经济法中市场主体资格的判断标准与民商法的相关规范保持了一致[⑨]。商事仲裁机构在民法视域下的主体地位已在学界得到充分论述,本文对此不予赘述。而在商法的一般规定中,主体资格的取得来自该主体参与商事活动的市场理性,作为主观上的资格要件,营利性是判断一个主体能否成为商法意义上主体的重要标准,只有满足了这一要件,才能成为规范意义上的商主体,并进而进入经济法主体的规范范围。非营利性的商事仲裁机构和主体资格营利性要件之间的张力,是商事仲裁机构在经济法主体地位证成中必须解决的问题。

(二)商事仲裁机构行为的司法性与经济法主体行为之间的张力

商事仲裁机构行为的司法性体现在两个方面。第一,司法性体现在商事仲裁机构与当事人之间的互动上。仲裁是一种非诉讼的纠纷解决机制,双方当事人在仲裁机构所制定的仲裁规则下行使自己纠纷解决的权利,仲裁裁决一经作出,便对双方当事人都具有约束力,作出仲裁裁决

---

① 《仲裁法》(2017 年)第 14 条规定:"仲裁委员会独立于行政机关,与行政机关没有隶属关系。仲裁委员会之间也没有隶属关系。"

② 肖峋:《在仲裁机构民间化建设座谈会上的发言》,载《北京仲裁》2007 年第 3 期。

③ 罗国强:《中国仲裁责任制度的发展与完善》,载《中国发展》2010 年第 6 期。

④ 涂卫、王晓川:《我国仲裁机构的法律定位——以仲裁管理体制改革为背景的考察》,载《中国青年政治学院学报》2012 年第 2 期。

⑤ 《中介服务收费管理办法》(计价格〔1999〕2255 号)第 3 条规定:"本办法所称的中介机构是指……提供仲裁、检验、鉴定、认证、公证服务等机构。"

⑥ World Trade Organization:"Report of the Working Partyon the Accession of China", *Working Party on the Accession of China*, 57.

⑦ 商事仲裁子课题组:《最高人民法院建立和完善多元化纠纷解决机制调研课题——商事仲裁子课题项目调研报告》,载《北京仲裁》2008 年第 3 期。

⑧ 张祖平:《我国商事仲裁机构的性质与改革困境》,载《法治论丛》2011 年第 5 期。

⑨ 焦海涛:《经济法主体制度重构:一个常识主义视角》,载《现代法学》2016 年第 3 期。

的行为可以产生实质影响双方当事人权利义务的效力。第二，司法性体现在商事仲裁机构与国家公权力机关之间的互动上。作为一种当事人协议选择的纠纷解决机制，仲裁何以得到实行？约定的效力源于双方当事人的自愿遵守，仅仅依靠当事人内心的美德来保障约定的效力，这在当事人实质能力不平等，且主观品德不一致的仲裁实践中无异于"乌托邦"。为了保障仲裁的效力，法治在此时入场，仲裁被纳入法治框架，国家公权力机关在法治框架下监督并执行仲裁。然而以法律来保证仲裁的实行只是仲裁司法性的一个表现。更重要的特征是，仲裁裁决书能够成为国家公权力机关实施强制力的依据，法院可以不经实质审判而依据仲裁裁决实施执行权，在这个意义上，作出仲裁裁决的行为与作出法院的判决的行为具有同等的法律效力。

商事仲裁机构行为的司法性与经济法评价主体的行为导向之间存在矛盾。民法秩序的构建是主体导向，这种单一抽象的主体化秩序会引起撕裂实然社会的风险①。在生产经济社会化背景下，这种风险需要超越抽象人格的法治理念对此进行回应。经济法由此而生，它不再以主体为基础建构法律制度，而是着眼于引起实质不平等的关键，即抽象意义上的人因为实施了不同的行为而成为具体意义上的人。经济法是行为导向的法，它的评价对象是经济法主体的行为。能否成为经济法视域下的主体，判断的标准在于该主体实施的行为是否是经济法意义上的行为，判断是否构成经济法意义上的行为，需具体的经济部门法对此加以规范。经济法针对行为的规范，势必对商事仲裁机构的行为有所影响，商事仲裁机构行为的司法性是仲裁得以实行的保证，如果经济法的规制使商事仲裁机构的行为丧失司法性，则无异于舍本逐末。对此，商事仲裁机构行为的司法性特征带来的问题是，经济法对商事仲裁机构行为的规制，是否会影响商事仲裁机构行为的司法性，从而动摇仲裁实行的根基？如果经济法无法规制商事仲裁机构的行为，那么商事仲裁机构何以成为经济法评价下的主体？

（三）商事仲裁机构活动的行政依赖与经济法责任能力之间的张力

尽管如篇首所述，"去行政化"是我国商事仲裁机构积极探索的方向，但就商事仲裁机构行业总体情况而言，商事仲裁机构仍然带有一定的行政化色彩。商事仲裁机构的行政化色彩体现在商事仲裁机构的人事任免和财务活动都由行政机关主导。在人事任免方面，商事仲裁机构无论是委员会的委员，常设办事机构的负责人，还是办事机构的人员，大多都有着固定的行政编制②，其中，商事仲裁机构委员会的委员和常设办事机构的负责人，多由行政机关的领导兼任。在财务活动方面，商事仲裁机构的行政化色彩体现在仲裁机构的固有资产和财产收支两个维度。从仲裁机构的固有资产维度来看，我国仲裁行业起步的初期，政府为了推动商事仲裁机构组建，投入了一定的国家资产③。从仲裁机构的财产收支维度来看，半数左右的仲裁机构依赖行政经费拨款④，且日常的收支被定性为行政事业性收费⑤。除了人事任免和财务活动由行政机关主导之外，许多商事仲裁机构也不愿在"去行政化"的改革中剥离自身的行政化色彩⑥，这也进一步加深了商

---

① 龙卫球：《民法主体的观念演化、制度变迁与当下趋势》，载《国家检察官学院学报》2011 年第 4 期。

② 陈福勇：《我国仲裁机构现状实证分析》，载《法学研究》2009 年第 2 期。

③ 张祖平：《我国商事仲裁机构的性质与改革困境》，载《法治论丛》2011 年第 5 期。

④ 陈福勇：《我国仲裁机构现状实证分析》，载《法学研究》2009 年第 2 期。

⑤ 《财政部、国家发展改革委、监察部、审计署关于加强中央部门和单位行政事业性收费等收入"收支两条线"管理的通知》（财综〔2003〕29 号），第五点"严禁未经批准将行政事业性收费转为经营服务性收费管理"。

⑥ 汪祖兴：《仲裁机构民间化的境遇及改革要略》，载《法学研究》2010 年第 1 期。

事仲裁机构独立于行政机关的疑问。

无法完全独立于行政机关的商事仲裁机构与经济法主体独立承担责任的要件之间存在冲突。商事仲裁机构的行政化色彩有其形成的历史渊源，即我国商事仲裁机构的组建由行政机关进行[①]，这一做法在客观上推动了商事仲裁机构的发展。尽管商事仲裁机构的行政化在经济法价值体系中不一定会获得负面评价，但无法独立于行政机关的人事任免，意味着商事仲裁机构的决策不一定能体现商事仲裁机构自身的市场理性。无法独立于行政机关的财务活动，意味着商事仲裁机构缺乏足够独立的财产承担自身行为所产生的经济法责任。经济法主体要承担经济法责任需满足的要件是，该行为是主体独立意志的表达，和该主体有承担责任的能力。这两项要件都无法完全独立于行政机关的商事仲裁机构能否承担经济法责任？如果这一问题的答案是否定的，那么无法独立承担经济法律责任的商事仲裁机构以何资格成为经济法评价的主体？

二、商事仲裁机构的经济法主体地位分析

（一）商事仲裁机构的经济法主体资格分析

商事仲裁机构的非营利性不足以阻碍商事仲裁机构获得经济法主体资格。商事仲裁机构的经济法主体资格疑问，关键在于商事仲裁机构的非营利性与经济法主体资格的营利性要件之间存在冲突。学界对商事仲裁机构的非营利性基于以下理解：仲裁机构不以营利为目的，而是出于社会公益的目的或是成员的非经济利益的目的而成立[②]。非营利性指的是仲裁机构的成立目的，成立目的的非营利性是否可以推断出商事仲裁机构不满足经济法主体资格的营利性要件？首先，从商事仲裁机构的实然性质出发，非营利性是商事仲裁机构的属性，但这一描述商事仲裁机构应然成立目的的静态属性，已无法准确表达商事仲裁机构在实然市场活动中的动态属性。在“去行政化”的背景下，行政资源获取被大幅削减的商事仲裁机构需要其他方式来确保自身的生存。通过提供仲裁服务，来换取市场上的资源，这种营利行为已成为商事仲裁机构维系生存并扩大规模的重要方式[③]。在这种实践背景下，坚持用非营利性描述商事仲裁机构的主体性质，无疑忽视了营利行为在商事仲裁机构发展中的必要性。其次，从非营利性的学理性质出发，非营利性只能表达商事仲裁机构与机构内部工作人员的关系，不能准确表达商事仲裁机构的全部性质。传统商事营利性理论认为营利性包含了三层含义，一是追求营利，二是通过营业活动获取，三是分配给组织成员[④]。学界正是基于传统商事营业性理论的反向表达，来构筑商事仲裁机构的非营利性[⑤]。这种构筑逻辑更像是一种简单套用的演绎过程，容易产生忽略商事仲裁机构实践维度的风险。在营利行为成为商事仲裁机构发展的必要方式的背景下，至少营利性的前两层含义已被商事仲裁机构所涵摄，“非营利性”这一概念在表达商事仲裁机构时是不周延的。最后，从营利性的理论发展来看，营利性不再用于表达商事主体的活动目的，而用于表达主体的手段，也即非

① 《仲裁法》（2017年）第10条第2款规定：“仲裁委员会由前款规定的市的人民政府组织有关部门和商会统一组建。”

② 涂卫：《我国商事仲裁机构内部治理结构的不足及完善》，载《中国青年社会科学》2015年第6期。

③ 这一情况在经济发达地区体现得更为明显，并成为推动仲裁“去行政化”的反作用力。参见汪祖兴：《仲裁机构民间化的境遇及改革要略》，载《法学研究》2010年第1期。

④ 刘斌：《论我国民法总则对商事规范的抽象限度——以民法总则的立法技术衡量为视角》，载《当代法学》2016年第3期。

⑤ 构筑过程的逻辑是：传统商事营利性理论被用于民法主体上的营利法人与非营利法人之间的分类，我国商事仲裁机构的产生不符合营利法人的定位，因此被放置在非营利法人的项下，非营利法人的特质便用于描述商事仲裁机构的属性。

营利性并不等于不从事任何营利性活动[①]。如果本文前述的论证并未彻底推翻商事仲裁机构的非营利性定位的话，那么即便将商事仲裁机构理解为非营利性的主体，也不能就此否认商事仲裁机构活动的营利性。回归经济法的行为法本质，经济法主体因经济法行为而获得主体资格，评价商事仲裁机构是否具备经济法上的主体资格，核心在于商事仲裁机构的行为，也即商事仲裁机构的营利性活动使商事仲裁机构为经济法所评价，并赋予了商事仲裁机构的经济法主体资格。

（二）商事仲裁机构的经济法主体行为分析

商事仲裁机构行为的司法性不影响经济法的评价和规制。商事仲裁机构的经济法主体行为疑问，关键在于商事仲裁机构的行为具有司法性，如果经济法规范商事仲裁机构的行为会影响机构行为的司法性，则会直接动摇商事仲裁机构成为经济法主体的理论基础。首先，从仲裁的司法性渊源出发，司法性只是仲裁契约性的补充，仲裁的本质在于契约性。仲裁最初也是最本质的定位是指一种依靠非国家公权力解决纠纷争端的机制，仲裁不靠社会威权，而是靠双方当事人对自身权利的处分和让渡来解决纠纷[②]，其实质是私权主体之间意思自治的体现，这种靠私权主体之间达成约定，从而解决纠纷的性质就是仲裁的契约性，也是仲裁最本质的属性。国家公权力机关保障仲裁执行或是撤销仲裁裁决的行为，与其说是改变了仲裁的性质，不如说是公权力在行使保障私主体之间意思自治的职能。仲裁的司法性是为了保证仲裁契约性能够得到贯彻，司法性并不能取代仲裁的契约性，也不能掩盖仲裁契约性的本质。其次，从商事仲裁机构的性质出发，即便承认司法性在仲裁性质中的独立地位，仲裁的司法性也并不必然决定了商事仲裁机构所有的行为都具有司法性。仲裁的过程牵扯多方主体之间的关系，仲裁的司法性主要体现在仲裁员与当事人之间[③]，以及法院与仲裁员之间，乃至法院与当事人之间的关系上，在这些法律关系中，商事仲裁机构所实行的行为具有司法性。而商事仲裁机构与当事人之间，以及商事仲裁机构与仲裁员之间所形成的权利义务关系只涉及仲裁活动的开展与管理，并不关系到仲裁程序的进行和裁决的实质内容，此时商事仲裁机构的行为并不具有司法性。商事仲裁机构作为仲裁活动中的独立主体，它的行为难以用司法性来概括。最后，从经济法规范行为的方式出发，商事仲裁机构被经济法行为规范评价不影响商事仲裁机构行为的司法性。商事仲裁机构参与市场活动，经济法只评价并规制商事仲裁机构在市场边界内的行为，而非商事仲裁机构的其他行为。正所谓“让凯撒的归凯撒，上帝的归上帝”，商事仲裁机构的市场活动行为是自身市场理性的体现，而非司法性的体现，经济法评价并规制商事仲裁机构的行为，并不影响商事仲裁机构的司法性行为。

（三）商事仲裁机构的经济法责任能力分析

商事仲裁机构的发展推动了商事仲裁机构形成承担经济法责任的能力。商事仲裁机构的经济法责任能力疑问，关键在于商事仲裁机构的“行政依赖”，如果商事仲裁机构不能独立于行政机关来承担责任的话，那么经济法规范商事仲裁机构也只能在理论上存在可能性而无法具备现实中的可行性。商事仲裁机构的“行政依赖”是一项具有我国本土特色的问题，这一问题来自我国的仲裁实践。然而我们也应当看到，在商事仲裁机构“去行政化”已经成为我国从立法机关到仲

---

① 郑景元：《商事营利性理论的新发展——从传统到现代》，载《比较法研究》2013年第1期。

② 万学忠：《仲裁法实施20年的理论与实践——访中国仲裁协会筹备领导小组副组长卢云华》，载《法制日报》2015年9月2日，第6版。

③ 李凤琴：《我国仲裁机构民事责任制度探析》，载《法治研究》2011年第11期。

裁行业的潮流时，商事仲裁机构的“行政依赖”至少不再是一个没有解决可能的问题。从人事任免的角度来看，商事仲裁机构已经出现了主要由非政府机关工作人员担任委员会委员和主要机构负责人的趋势[①]。从财务活动的角度来看，一些地区（尤其是经济发达地区）的商事仲裁机构已经实现了盈利，并出现了要求“自收自支”的呼吁，商事仲裁机构以独立财产承担经济法责任的经济基础开始形成。无论是人事任免还是财务活动上的发展，都体现了商事仲裁机构开始具备独立表达意志和承担经济法责任的能力。

另外，承担经济法责任也不失为商事仲裁机构“去行政化”的一种重要方式。经济法责任不是一种单独的责任，而是由民事、行政、刑事责任共同组成的责任体系。有行政依赖的商事仲裁机构在进行市场活动时，如果需要承担经济法律责任，则势必会对主导的行政机关产生负面影响。行政机关基于理性选择，也会尽量规避自身介入商事仲裁机构的市场活动，并由此推动商事仲裁机构的“去行政化”。从这一角度来说，商事仲裁机构承担经济法责任之间是一个良性互动的关系，商事仲裁机构经由“去行政化”有了承担经济法责任能力的经济基础，而商事仲裁机构承担经济法责任又进一步推动了自身的“去行政化”过程。

三、商事仲裁机构的经济法主体地位建构

（一）商事仲裁机构的经济法主体定位

商事仲裁机构在经济法主体定位中属于市场主体。经济法主体的经典理论将经济法主体划分为“国家—社会中间层—市场”，“去行政化”后的商事仲裁机构回归了私主体的本质属性，而且商事仲裁机构在市场活动中无法也无权实施干预市场活动的行为。即便在特定语境下，如仲裁员之间形成单独的劳务市场，商事仲裁机构管理仲裁员的行为也并不能被评价为国家机关干预市场，而是双方基于劳务合同的约定实施管理与被管理的行为。应在“社会中间层”和“市场”的主体理论范畴内讨论商事仲裁机构。首先，商事仲裁机构应当属于市场主体。判断是否属于市场主体有两个要件：一是主观要件，即行为的目的是否具有营利性。[②] 前文已论述了商事仲裁机构行为目的的营利性，在此不予赘述。二是客观要件，即行为是否属于市场经济运行的内容。市场经济运行的内容包括投资行为和经营行为，经营行为又分为市场交易与市场竞争。[③] 商事仲裁机构与当事人之间签订仲裁协议，由商事仲裁机构向当事人提供仲裁服务，当事人向商事仲裁机构交付仲裁费，双方之间形成交易关系。尽管早期我国商事仲裁机构的建立，与我国行政地域的划分是一一对应的，业务范围也限定在各自的行政辖区内，彼此之间几乎不形成竞争。但行政地域划分商事仲裁机构经营范围最根本的原因是当时我国市场经济刚刚起步，仲裁服务尚不发达，碎片化的市场也能满足当时商事仲裁机构发展的需要。在我国商事仲裁服务市场范围与深度都在不断扩张[④]的今天，商事仲裁机构跨行政区划进行市场交易已成为普遍性现象，按行政区划划分的仲裁服务市场实质上早已联结成为一个全国范围内的大市场，市场内的每一个商事仲裁机

---

① 如北京仲裁委员会的委员会12名成员中，共有包括委员会主任在内的7名非政府机关工作人员。载北京仲裁委员会网：http://www.bjac.org.cn/page/gybh/organize.html，最后访问日期：2017年12月14日。

② 李友根：《论经济法主体》，载《当代法学》2004年第1期。

③ 程信和：《经济法中主体权利设置的走向》，载《社会科学家》2014年第12期。

④ 仅截至2014年，我国共有235家仲裁委员会，共受理案件113,660件，案件总标的额为2656亿元人民币。参见北京仲裁委员会：《中国商事争议解决年度观察》（2015），中国法制出版社2015年版，第1页。

构都是彼此的竞争者,商事仲裁机构与商事仲裁机构之间形成竞争关系。无论是商事仲裁市场交易,还是商事仲裁市场竞争,其中都有商事仲裁机构的身影,商事仲裁机构早已符合了市场主体的客观要件。因此,具有营利性和行为属于市场经济运行的内容,这使商事仲裁机构成为经济法意义下的市场主体。其次,商事仲裁机构不属于社会中间层主体。尽管在我国加入 WTO 的报告中,商事仲裁机构被定性为中介组织。但不能由此推断出商事仲裁机构在经济法语境下属于社会中间层主体。一则,社会中间层主体理论在经济法主体理论发展中受到了一定的质疑,学界有观点认为社会中间层主体不过是一种特殊的市场主体①。二则,社会中间层主体具有双重权源,也即主体权力不仅来自私权利的让渡,还来自于国家公权力的授权。如前文所述,商事仲裁机构最本质的属性在于其契约性,司法性不体现在商事仲裁机构的市场活动中,作为经济法主体的商事仲裁机构缺乏成为社会中间层主体的权力来源。

(二)商事仲裁机构的经济法行为判断

当商事仲裁机构的行为既具有司法性,又具有营利性时,判断经济法行为的关键在于该行为的社会影响和价值取向。并非所有的商事仲裁机构行为都能使其成为经济法主体。如前所述,商事仲裁机构的行为具有司法性,经济法的规制可能会影响商事仲裁机构行为的司法性,因此,商事仲裁机构只有在实施经济法的行为时,才能被评价为经济法的主体。由此引申出的问题是,如何界定商事仲裁机构的司法性行为和经济法行为?有学者提出商事仲裁机构法律关系的划分理论②,划分法律关系,能够很好地区分商事仲裁机构的行为是否具有司法性。界定的难点在于,现实生活的行为总是多维的,在市场活动中,商事仲裁机构的行为可能既具有营利性又具有司法性,此时如何界定商事仲裁机构的经济法行为,还需要结合个案作进一步的讨论。第一,从行为的客观外在来说,具有营利性和司法性的双重属性,并不必然导致这一行为被隔离在经济法行为的评价之外。单一行为的司法性是客观的,其营利性也是客观的,如果仅因为某一行为具有司法性,而忽视了该行为的营利性,这种认知态度至少是不科学的。第二,当行为的客观外在体现为营利性和司法性的双重属性时,商事仲裁机构行为的判断标准就转入对行为社会影响要件的探究中,在经济法整体主义视域下,如果将该行为评价为营利性所取得的社会效益大于其被评价为司法性的话,则该行为宜被评价为具有营利性,从而进入经济法行为的评价范畴中。第三,商事仲裁机构行为的社会影响,往往很难以量化的标准来衡量,如商事仲裁机构限定名册内的仲裁员不得到其他商事仲裁机构任职的行为,影响了商事仲裁服务市场内竞争的同时,也提升了本机构内仲裁员的专业性,提高了仲裁的效率。无法被量化的行为只能进行价值判断,而价值位阶是价值判断的前提。我国仲裁事业刚起步时,人民群众日益增长的仲裁需求与落后的仲裁水平之间的矛盾是主要矛盾,所以此时商事仲裁机构的发展属于最高位阶的价值。而进入新时代中国特色社会主义社会的现在,人民群众对美好的仲裁的追求和仲裁发展不平衡不完善之间的矛盾是主要矛盾,所以此时商事仲裁机构的平衡发展属于最高位阶的价值。要实现商事仲裁机构的平衡发展,完善的市场竞争秩序是必不可少的条件,因此,判断商事仲裁机构行为的价值时,应以该

---

① 持该观点的有李友根:《论经济法主体》,载《当代法学》2004 年第 1 期;张继恒:《社会中间层的经济法主体地位析辩——由“三元框架”引发的思考》,载《法制与社会发展》2013 年第 6 期。

② 如将仲裁作为商事仲裁机构活动的核心,将仲裁分为内部关系与外部关系,只有与仲裁的外部关系有关的行为才具有司法性。参见罗国强:《中国仲裁责任制度的发展与完善》,载《中国发展》2010 年第 6 期。或者将司法性限定在商事仲裁机构的仲裁员与当事人之间的关系上。参见李凤琴:《我国仲裁机构民事责任制度探析》,载《法治研究》2011 年第 11 期。

行为是否有利于完善市场竞争秩序，实现商事仲裁机构平衡发展为最先的价值判断。

（三）商事仲裁机构的经济法责任构建

1. 商事仲裁机构的经济法责任能力

在我国商事仲裁的语境下，商事仲裁机构的经济法责任能力需根据意思表示的机关和自身的财产状况而决定。主体承担经济法责任的能力来自主体独立的意思表示和财产。从独立意思表示的角度来看，能够代表商事仲裁机构作出意思表示的是商事仲裁机构的最高决策机关，在我国，则指商事仲裁机构的委员会。我国商事仲裁机构分为委员会和办事机构，委员会和办事机构下还有委员和各自的工作人员。但并非所有的部门和人员所作出的意思表示都能够代表商事仲裁机构的独立意志。能代表商事仲裁机构独立意思表示的主体，通常由商事仲裁机构的章程约定，在我国，这一主体通常由最高决策机关即商事仲裁机构的委员会担任①。从独立财产的角度来看，商事仲裁机构能够用来承担经济法责任的财产是仲裁机构自有的财产。自有财产问题在我国主要体现为，在组建商事仲裁机构时，政府资助了部分商事仲裁机构组建所需的经费，在商事仲裁机构的发展中，许多入不敷出的商事仲裁机构，也是由政府资助的经费维持的。这一部分的政府投入能否成为仲裁机构承担经济法责任的财产来源，则需要根据商事仲裁机构的意思表示是否由行政机关作出来确定。意思表示由商事仲裁机构（不由行政机关任命）的委员会作出，且该商事仲裁机构能够实现“自收自支”，则该商事仲裁机构能够承担经济法的责任。如果商事仲裁机构的委员会多由行政机关任命或由行政人员兼任，且该商事仲裁机构能够实现“自收自支”，则该商事仲裁机构在自收自支的范围内承担经济法责任。如果该商事仲裁机构不能实现“自收自支”，则该商事仲裁机构缺乏承担经济法责任的能力，不承担经济法责任。

2. 商事仲裁机构的经济法责任体系

商事仲裁机构的经济法责任体系应由民事责任、行政责任和刑事责任构成。“民事——行政——刑事”是经典的经济法责任体系框架，经济法主体在经济法范围内承担的责任种类包括民事责任、行政责任和刑事责任三种。在我国的商事仲裁活动中，《刑法》第399条枉法仲裁罪设定了仲裁员的刑事责任，仲裁机构内部具有行政编制的人员也需要对自己的行为承担行政责任，而仲裁员能否承担民事责任仍属于学界讨论的范围。仲裁员的责任体系无涉商事仲裁机构的责任体系，商事仲裁机构的经济法责任体系应以商事仲裁机构的责任能力为中心进行建构。在民事责任方面，如前所述，商事仲裁机构根据自身独立的意思表示和财产承担责任。在行政责任方面，除了民事责任的相关要求外，还应当立足我国部分商事仲裁机构尚未完全“去行政化”的现实，将商事仲裁机构内作出行政命令的行政人员纳入行政责任主体范围。在刑事责任方面，商事仲裁机构应以非国家机关的主体定位承担刑事责任。

四、结语

我国商事仲裁机构“去行政化”之后，商事仲裁服务市场的乱象已开始显现。要促进我国商事仲裁机构的发展，除了仲裁法自身要与时俱进外，国家也应当在商事仲裁机构的经济活动中，发挥“看得见的手”的力量。国家干预商事仲裁机构的经济活动，并不代表着商事仲裁机构要重回行政依赖的老路，而是要发挥经济法规范商事仲裁服务市场秩序，促进商事仲裁服务市场经济

① 《仲裁委员会章程示范文本》（1995年7月28日国务院办公厅发布），第9条。

发展的功能。商事仲裁机构受经济法规范的可行性,在于商事仲裁机构属于经济法主体理论中的市场主体,在社会影响和价值判断的前提下接受经济法行为规制,并以自身的责任能力承担民事、行政和刑事责任。

The Main Body Status of Economic Law of Commercial Arbitration Organization is Certified

By Mo Mindan

Abstract:Establishing the subject status of commercial arbitration institutions in economic law is the inevitable result of the transformation of commercial arbitration institutions to "marketization" in China, and also an important symbol of the integration of China's arbitration service market into the market economic system. Due to the non – profit nature of commercial arbitration institutions, the judicatory nature of their actions, and the "administrative dependence" of their responsibility capacity, the judicial practice does not explicitly recognize the economic law subject status of commercial arbitration institutions. However, the non – profit nature of commercial arbitration does not affect the commercial arbitration institutions' profit – seeking behavior, and the judicial behavior of commercial arbitration institutions and market economic behavior should be treated differently, and the process of "de – administration" of commercial arbitration institutions also needs the participation of the subject responsibility of economic law. From the perspective of economic law, commercial arbitration institutions belong to the market subjects, which need to be adjusted by economic law under the premise of social influence and value judgment, and bear legal responsibilities with their own responsibility capacity.

Key words: Commercial Arbitration Institution　Arbitration Service Market　Main Body of Economic Law

(责任编辑:陈　挚)

混合型管辖权条款法律效力问题研究

郑　晖*

内容提要　混合型管辖权条款是金融机构在国际金融交易合同中常采用的一种合同纠纷解决方式选择条款,是金融机构为管控国际金融交易风险而做出的创新。近年的英国、法国等国司法判例认可此类管辖权条款的效力。混合型管辖权条款在"确定性"上与我国法律有相悖之处。但作出一定修改后,应当得到法律的认可。

关键词　混合型管辖权条款　仲裁　诉讼

一、引言

混合型管辖权条款是指合同双方(尤其是金融交易合同)在合同纠纷解决方式条款中作出的一种特殊形态的条款约定,其具体表现一般有如下两大类型:

第一种类型的混合型管辖权条款,国际学术界又将其称为"单方选择权条款"(unilateral optional clauses),又可细分为(a)、(b)两小类:

(a)合同双方均采用诉讼方式解决合同争议,但同时规定合同中的一方(通常是合同债权人一方)单独享有将争议提交仲裁的选择权;或反之,即合同双方均采用仲裁方式解决合同争议,但同时规定合同中的一方(通常是合同债权人一方)单独享有将争议提交诉讼的选择权(以下简称 a 小类)。

(b)该类型管辖权条款则表现为另一种形态,规定:除非合同中的债权人一方(通常是银行等贷款人)选择采用仲裁方式解决合同争议,否则双方之间因合同产生的一切争议均应采用诉讼方式解决。也可作相反约定,即除非合同债权人(通常是银行等贷款人)选择采用诉讼方式解决合同争议,否则双方之间因合同产生的一切争议均应采取仲裁方式解决(以下简称 b 小类)。

第二种形态混合型管辖权条款,国际学术界又将其称为"单边争议解决方式条款"(one - sided dispute resolution clause),其具体表现为:若合同债务人一方就合同主动提起诉讼,该诉讼只能向合同中明确选定的某地法院提起;而合同债权人方则继续保留在包括债务人住所地法院或其他任何债权人认为具有管辖权的法院对债务人提起诉讼的权利。①

其典型代表是"伦敦信贷市场协会"(The Loan Market Association, LMA)在其制定的《单一货币定期信贷合同范本》第 37 条,该条规定"英格兰法院对本合同项下的争议享有专属排他管辖

* 上海财经大学法学院讲师,法学博士,硕士研究生导师,主要从事金融法及国际私法研究。

① 理论上,第二种类型的混合型管辖权条款还可以有下列表述方式:若合同债务人一方就合同主动提起仲裁,该仲裁只能向合同中明确选定的某地仲裁机构提起;而合同债权人方则继续保留在包括债务人住所地仲裁机构或其他任何债权人认为具有管辖权的仲裁机构对债务人提起仲裁的权利。但目前实践中只出现了正文中所述的表述方式,即诉讼,但仲裁尚未实际出现。

权。合同双方均认可,英格兰法院是审理本合同项下纠纷的最合适最方便法院。本条专为贷款方利益而设定。借款方只能在英格兰法院提起与本合同项下的纠纷有关的诉讼。贷款方则可以在任何数量的法院(包括英格兰法院及英格兰以外的国家或地区)提起并行诉讼"。

上述混合型管辖权条款,近几年中在有关国家的司法审判中均有相应案例体现。以下详述之。

二、第一种类型混合型管辖权条款

(一)第一种类型混合型管辖权条款

英国法院对这类混合型管辖权条款一般持支持态度。2004 年 Three Shipping 诉 Harebell Shipping Limited(Three Shipping 案)一案中,[①]双方签订的租船合同中约定:合同争议的解决方式为法院诉讼。但同时又规定,船东方 Harebell Shipping Limited 公司单独享有将纠纷提交仲裁的选择权。嗣后双方因该合同产生纠纷,船舶承租方 Three Shipping 至英国法庭起诉船东。船东要求法院终止该诉讼,依据是英国 1996 年《仲裁法》第 9 节规定(若双方签订有仲裁协议,已经启动的诉讼程序应当予以终止)。[②] 主审法官认为,虽然双方所签订的协议中限定承租方只能选择向法院提起诉讼作为双方争议的解决方式,但同时也规定了船东方享有仲裁的权利。而承租方在未和船东方协商究竟应采取何种方式解决纠纷的情形下即前往法院起诉,试图以此绕开船东方享有的仲裁权,这一行为并不能达到否定船东方仲裁权的效果,因此船东方仍应保有以仲裁方式解决纠纷的权利。但主审法官也指出,当初双方合同中对船东方应当如何行使仲裁选择权的规定不够具体。法院最终判决认定,船东方要求终止承租方提起的诉讼程序的请求满足 1996 年《仲裁法》第 9 节的规定,因为"一项单方享有的仲裁选择权已经完全足够满足这一要求"。[③]

2005 年 Law Debenture Trust Corp Plc 诉 Elektrim Finance BV and Others 案中,[④]原告 Law Debenture Trust Corp 作为众多债券持有人(债权人)的受信托人向法院提起诉讼要求两被告(第一被告 Elektrim Finance BV 为债券发行人,第二被告为债券担保人)偿还已到期债券本息。债券合约中规定债券发行人(债务人)和债权持有人(债权人)均可用仲裁方式向对方提起请求以解决债券合同产生的纠纷,但同时又规定原告和债券持有人(债权人)享有将债券纠纷提交法院诉讼解决的权利。

原告方依据英国 1996 年《仲裁法》第 72 节的规定,[⑤]向法院提起诉讼,要求法院判定双方之间不存在有效的仲裁协议,且法院对本案拥有管辖权。法院面临两项问题:一是该案管辖权争端应当由法院还是由仲裁机构负责解决?二是双方之间的争议应当采用诉讼方式还是仲裁方

① [2004] EWHC 2001 (Comm).

② 该法第 9 节"程序之终止"(Stay of legal proceedings)。

③ 实际上早在 1983 年的 Westfal – Larsen Se Co A/S 诉 Ikerrigi Company Naviera SA (The Messiniaki Bergen)案中,合同双方约定:双方中的任何一方均可先选择将纠纷以仲裁方式加以解决,只有当双方中任何一方均未选择将纠纷提交仲裁解决的前提下,合同中的另一方才可选择将纠纷提交诉讼解决。英国法院对这一条款的约定内容持赞同立场。

④ [2005] EWHC 1412 (Ch).

⑤ 该法第 72 节标题为:"未参加仲裁程序的当事人保留有下列权利"。其第 1 款规定:虽为仲裁程序一方,但未实际参加该仲裁程序者,可通过法院诉讼程序要求法院做出宣告或发布禁令,以判定:(1)双方之间是否存在一项有效的仲裁协议;(2)仲裁庭的组成是否适当;(3)哪些事项已经依照双方之间的仲裁协议提交给仲裁庭加以解决。其第 2 款规定,该方还可:(1)依据该法第 67 节规定,以缺乏和该方相关之实质性管辖权为理由,提出一项申请,或者(2)依照该法第 68 节规定,仲裁程序出现了严重的不合法之处,并已经影响到他,同时该法第 70 节第 2 款(用尽仲裁程序救济)不适用于他时,他可提出一项申请以质疑仲裁裁决的合法有效性。

式解决?

法院认为,该案涉及的管辖权争议纯粹是一项“合同解释问题”,因此完全可以由法院负责解决(而不必交由仲裁机构)。另外原告方尚未参加进任何的仲裁程序中,因此原告可按照1996年《仲裁法》第72节的规定,提起法院诉讼程序。主审法官还依循Three Shipping案判例,认为合同约定的条款赋予合同中的一方当事人享有某项特权,并不能因此就断定该条款无效,因为许多合同中的条款都出现过仅赋予合同一方当事人某项权利而未对等赋予另一方当事人该项权利的情形。

从上述的英国法院判例中,我们可以看出,英国法院在以下问题上的立场:

对于合同中仅赋予其中一方仲裁选择权或者诉讼选择权的条款,英国法院持赞同立场;

英国法院不会单凭某项合同存在仅赋予合同一方仲裁选择权或者诉讼选择权的条款,就判定未被赋予仲裁选择权或诉讼选择权的另一方当事人在合同中的基本权利因此遭到了侵害;

英国法院仍将承认此种混合型管辖权条款的效力,且不会因诉讼和仲裁两种纠纷解决方式并存(但其中有一方有选择权)就判定此种诉讼和仲裁并存的混合型管辖权条款无效。

除英国外,美国认为,当事人选择纠纷解决方式(仲裁或诉讼),并非一项联邦法律调整的问题,而是一项由各州法律调整的问题。作为国际金融中心所在地的纽约州法律,承认这两种类型的混合型管辖权条款的法律效力。在2010年裁决的一项判例中(Valens US SPVI LLC 诉 Hopkins Capital Partners Inc),①法院认为没有理由将“第二种类型混合型管辖条款”视为不公平不合理条款,因为这类条款是由从事商业交易的合作伙伴相互之间经过密切协商谈判后达成的。

东南亚金融中心之一的新加坡对此类管辖权条款也持赞同态度。在2016年的Dyna－Jet Pte Ltd诉Wilson Taylor Asia Pacific Pte Ltd案中,②原告方Dyna－Jet公司与被告方Wilson Taylor公司订立合同中约定的纠纷解决方式条款,规定原告方享有从诉讼和仲裁两种方式中做出任意选择一种的优先权,并且仅原告方享有该优先选择权,被告方不享有此项权利。后双方发生合同纠纷。原告方向新加坡法院提起诉讼,希望通过诉讼途径解决双方之间的合同纠纷。被告方则向新加坡法院提出请求,认为其和原告之间在合同中订立了一项仲裁条款,双方之间的合同纠纷应当采用仲裁方式加以解决,请求法院判令终止原告方在新加坡法院所提起的诉讼程序,转而启动仲裁程序以解决合同纠纷。新加坡初审和上诉审两级法院审理后,上诉审法院法官认为,本案中原告方通过行使优先选择权,已经选择采用诉讼方式解决本案合同纠纷。虽然原被告双方的确在合同中订立了一项仲裁条款,但由于原告方已经行使合同约定的优先选择权选择采用诉讼作为双方合同争议的解决方式,因此合同中的仲裁条款虽然有效成立,但已经不可能得到实际执行。法官判决驳回了被告方的请求,维持初审法院的裁决。这例判决表明,新加坡法院对本文所述第一大类混合型管辖权条款中的b小类持赞同的立场和观点。

值得注意的是,虽然英国法院对第一类混合型管辖权条款中的a小类一般持赞同立场(从前述Three Shipping案判决推导出的结论表明,显然英国法院也将对b小类持赞同立场),但仍有国家对此问题(指a小类)持否定立场。例如,俄罗斯联邦最高仲裁法庭2012年6月在“Russian Telephone Company/RTC诉Sony Ericsson Mobile Communications Rus”(RTC诉Sony Ericsson)

① 26 Misc. 3d 1210(A).

② [2016] SGHC 23.

一案中,判定该类型管辖权条款无效。[①] RTC 公司与 Sony Ericsson 公司在俄国的分支机构签署一项销售移动电话合同。双方在合同争端解决方式条款中约定:合同双方均有权将合同争议按照《国际商会仲裁院仲裁规则》提交仲裁机构仲裁解决;与此同时双方又约定,合同中的一方即 Sony Ericsson 公司在俄国分支机构,仍有权向任何有管辖权法院提起与合同有关之纠纷的诉讼请求。此后双方就 Sony Ericsson 公司所提供之手机质量产生纠纷,RTC 公司不顾合同中的争端解决条款中对仲裁方式的约定,向莫斯科商事法庭起诉 Sony Ericsson 公司在俄国分支机构,要求对方承担合同违约责任。

在该纠纷最终提交给俄罗斯联邦最高仲裁庭审理之前,双方之间这一纠纷已经过俄罗斯三级法院的审理。三级法院均认为,根据意思自治和合同自由原则,双方在合同中约定的(采取仲裁方式)争端解决方式条款应当得到法院的尊重。但俄联邦最高仲裁庭却认为,只有当双方均能够得到在法院面前表述各自对该案立场观点的平等机会时,才能实现程序公平和法律对当事人的保护。平等竞争的原则要求给予双方在法院面前表述自身法律权益的平等的程序性权利。因此合同中不应当出现只给予合同某一方在某国法院以诉讼方式解决纠纷的权利的同时却不赋予另一方相同之权利的条款。为此,俄罗斯联邦最高仲裁庭还援引《欧洲人权公约》有关规定及欧洲人权法庭所裁决的几个类似案例,判定:本案双方合同中订立的"管辖权条款"违背了双方合同权利平等原则,Sony Ericsson 公司在俄国分支机构属于合同中单方面享受不应有特权的那一方,合同中订立的"管辖权条款"侵害了 RTC 公司的权利。RTC 公司作为权益受损一方,享有在有关国家法院起诉以维护自身权益的权利,这一权利应当得到法院的保护。

(二)第一种类型混合型管辖权条款的某些变形形态

早在 1983 年的 Westfal – Larsen Se Co A/S 诉 Ikerrigi Company Naviera SA (The Messiniaki Bergen)案中,[②]合同双方约定:双方中的任何一方均可先选择将纠纷以仲裁方式加以解决,只有当双方中任何一方均未选择将纠纷提交仲裁解决的前提下,合同中的另一方才可选择将纠纷提交法院诉讼解决。英国法院对这一条款的约定内容持赞同立场。

而到了 2016 年英国最高司法机构的枢密院在 Anzen Limited 诉 Hermes One Limited 案中,[③]该案原被告双方签署一项股东协议,协议中约定"若合同产生纠纷,双方在 20 个工作日内无法通过协商解决纠纷,任何一方均可将纠纷提交仲裁解决"。此后该案原告方将纠纷提交法院诉讼解决,被告方请求法院裁决终止原告方在法院提起的诉讼程序,理由是双方在股东协议中存在一项合法有效的采用仲裁方式解决纠纷的约定。原告的行为违反了这一约定。

初审法院法官判定,驳回被告方的请求。理由是:被告方必须实际提起仲裁,才能使得合同中约定的仲裁条款实际产生效力。但本案被告尚未实际提起仲裁,所以合同中约定的仲裁条款并未实际生效。本案原告方提起的法院诉讼程序仍应不受影响地实际进行。

被告方提起上诉,上诉法院裁定驳回被告方的上诉,维持初审法院的裁决。

被告方向英国枢密院提起上诉。枢密院审理后推翻了下两级法院的裁决,判定原告方提起的诉讼程序应当被终止。枢密院认为,本案中双方在合同中约定了任何一方均可优先选择仲裁

① 该案仲裁裁决详情,参见 Debevoise & Plimpton LLP, Asymmetric Dispute Resolution Clauses: Validity Under Russian Law After the Sony Ericsson Jurisprudence。

② [1983] 1 ALL ER 382.

③ [2016] UKPC 1.

方式解决纠纷。选择仲裁方式并不需要本案被告实际提起仲裁程序。即便本案原告方已经启动诉讼程序,本案被告方仍可通过向法院提起终止原告方诉讼程序并选择仲裁解决纠纷的方式来行使合同中约定的仲裁优先选择权。

三、第二种类型混合型管辖权条款

(一)法国法院对第二类型混合型管辖权条款的态度:变化不定

1. 2012 年法国最高上诉法院裁决的 Mme X 案——否决第二种类型"混合型管辖权条款"的效力

2012 年 9 月法国最高上诉法院在"Mme X 诉 Rothschild 案"(以下简称 Mme X 案)中,①判决否定了这类管辖权条款的法律效力。该案中,Mme X 是一位住所地位于巴黎的西班牙公民。她通过一家卢森堡银行(Edmond de Rothschild Bank)在法国的姊妹行在该银行开立了一个私人银行账户。客户与银行签署的开立账户协议规定:协议准据法为卢森堡法律,客户若因该账户协议纠纷主动起诉银行,该诉讼必须接受卢森堡法院排他的专属管辖。反之若卢森堡银行因该账户协议纠纷主动起诉客户,其有权在客户 Mme X 所居住的巴黎法院以及"其他任何有管辖权法院"提起诉讼。此后 Mme X 因其在卢森堡银行的投资未能达到预期的回报水平,而向巴黎法院起诉卢森堡银行及其法国姊妹行。

卢森堡银行对巴黎法院关于本案的管辖权提出异议,认为根据当初 Mme X 在该行开立账户时双方的约定,卢森堡法院对银行及其客户之间的合同纠纷享有专属管辖权,巴黎法院对此案不具备管辖权。

本案的法国初审法院及上诉法院均驳回了卢森堡银行的管辖权异议。法国上诉法院认为,本案中卢森堡银行与其客户之间的账户开立合同规定卢森堡银行享有在"其他任何有管辖权法院"提起诉讼这一合同条款规定得过于宽泛,并且卢森堡银行和其客户在合同中的地位不公平。卢森堡银行上诉至法国最高法院。

法国最高上诉法院审理后认为,银行与客户之间账户开立合同中赋予银行单方面的不受任何限制的在其认为有管辖权法院提起诉讼的权利,仅仅考虑了银行利益,而没有考虑银行客户利益,该条款单方面限制客户 Mme X 的诉讼地点选择权,因此不具备"对等性"。法院认为银行与客户签订的该条款与 2001 年《布鲁塞尔条例》第 23 条(2011 年经修订后的《布鲁塞尔条例》第 25 条)"管辖权协议"条款的设定宗旨和对约定管辖权协议明确性的要求是背道而驰的,因此无效。

法国最高上诉法院这一案件判决,在欧盟成员国学界和金融业界引起了一片批评声。反对者认为该判决无视当事人合同约定条款内容,不尊重合同意思自治原则,另外这一判决对金融机构开展金融业务管控金融风险不利。

2. 2015 年 3 月法国最高上诉法院裁决的 Danne 控股公司案——转换了裁决所依据的理由

作为对批评的回应,法国最高上诉法院 2015 年 3 月在 Danne Holding 诉 Crédit Suisse 案件中,转换了裁判的重点。在 Danne Holding v Crédit Suisse 案中,②瑞士信贷银行与 Danne 控股公司签订合同中约定的管辖权条款,与前述 Mme X 案中约定的管辖权条款类似:借款人 Danne 控

---

① [2013] Clunet 173.

② ECLI:FR:CCASS:2015:C100415.

股公司只能在瑞士苏黎世法院起诉瑞士信贷银行，而作为贷款方的瑞士信贷银行则既可以在瑞士苏黎世法院也可在任何其他有管辖权的法院起诉 Danne 控股公司。法国最高法院仍判决这一诉讼管辖权条款无效。但此次法院判决并非基于该条款不具备"对等性"的理由，而是认为该条款缺乏 2001 年《布鲁塞尔条例》第 23 条所要求的"管辖权协议"应具备的"可预见性"与"最终明确性"。法院认为，合同中的"诉讼管辖权条款"规定了瑞士信贷银行可以在"任何其他有管辖权法院起诉 Danne 公司"的同时，却没有设定任何的客观判断标准，以便判定一家法院为此处所指的"其他有管辖权法院"。这样的条款缺乏法律上的可预见性和最终明确性，从而在法律上也不具备可执行性，因此是无效的。

3. 2015 年 10 月法国最高上诉法院裁决的 MJA 案——转变立场，首次支持第二种类型"混合型管辖权条款"法律效力

2015 年 10 月，法国最高上诉法院在审理"MJA（EBizcuss. com）诉 Apple Sales International 案"（以下简称 MJA 案）中，首次支持了双方签订的"混合型管辖权条款"。[①] 原告和被告签订合同中约定，MJA 只能在爱尔兰境内法院起诉苹果国际销售公司，而苹果国际销售公司却可以在 MJA 所在地以及任何苹果国际销售公司遭受损害地的法院起诉 MJA。法国最高上诉法院认为，合同管辖权条款所约定的"MJA 所在地"以及"任何苹果国际销售公司遭受损害地"，当 MJA 与苹果国际销售公司发生合同纠纷时，上述两地都是可预先确定的客观的地点，因此双方约定的这一管辖权条款在法律上是有效的。

这一判决表明法国最高上诉法院在第二种类型"混合型管辖权条款"上，改变了以往一概否认其效力的态度和做法，转向认可此类条款的法律效力。法国最高上诉法院认可此类条款效力的标准也初步明朗：当双方合同纠纷发生时，根据此类条款之约定，是否能客观具体明确地确定纠纷的管辖法院？若能，法院倾向于确认此类条款之效力，反之则将否认其效力。

4. 2016 年 4 月，法国最高上诉法院对 Société Générale SA 诉 M. Nicolas Y. and Société Civile ICH and Société NJRH Management Ltd and SELARL AJ Partenaires 案件判决，对第二类混合型管辖权条款的态度再次摇摆

该案原被告双方签署的贷款协议中的纠纷解决条款约定，双方因该贷款协议引发的纠纷，将提交给瑞士苏黎世法院诉讼解决，但同时又约定贷款方银行单方面享有一项选择权，可将该贷款合同纠纷提交给任何适任的有管辖权的法院诉讼解决。

贷款合同后发生争议纠纷。Société Civile ICH 在法国昂热地方法院提起诉讼，但昂热地方一审和上诉审法院均认为自身对案件无管辖权，理由为：贷款合同中的管辖权条款只赋予了贷款方的银行享有单方选择法院起诉的权利，但并没有赋予 Société Civile ICH 这一权利，故而其无权在昂热地区的法院提起诉讼；另外贷款合同的双方并未确切指定昂热法院为本案的管辖法院，而是确定由瑞士苏黎世法院管辖本案，故本案贷款合同纠纷应当由瑞士苏黎世法院管辖。

当事人不服昂热上诉法院的判决，继续上诉至法国最高上诉法院。法国最高上诉法院将本案发转给法国雷恩地方法院继续审理，并认为，昂热上诉法院在审理本案时，并未考虑本案双方当事人在签订贷款合同中的管辖权条款时享有的权利所具有的"内在不均衡性"（意指在该管辖权条款仅赋予一方当事人单方面享有选择起诉法院的特权，而另一方当事人却不享有对等的选

① ECL：FR：CCASS：2015：C101053.

择权）。

最终，法国雷恩上诉法院裁决，本案应由法国巴黎地方法院管辖审理（巴黎为本案一方当事人法国兴业银行总部 Société Générale SA 所在地）。

从表面上看，本案最终由巴黎地方法院管辖审理，似乎对法国兴业银行有利，但这并非源自原告方依照贷款合同中管辖权条款约定的权利、自行单方面选择法院的结果，同时巴黎地方法院也并非双方在贷款合同管辖权条款中约定的瑞士苏黎世法院。因此本案的判决结果使得第二类混合型管辖权条款在法国的命运再次变得扑朔迷离，摇摆不定。

（二）2013 年英国法院审理 MCB 案：对第二类混合型管辖权条款明确支持

实际上，除了法国最高法院曾经判决承认第二类混合型管辖权条款的法律效力之外，英国法院在 2013 年的 Mauritius Commercial Bank v. Hestia Holdings（以下简称 MCB 案）中，也作出了支持该类管辖权条款法律效力的裁决。① 本案原告毛里求斯商业银行（MCB）与被告 Hestia 公司（Hestia）签订一份贷款合同，由原告向被告贷款，该笔贷款由被告在印度的母公司提供担保。贷款合同第 24 条约定：（a）英格兰法院享有因贷款合同产生的或与贷款合同相关的纠纷（包括贷款合同是否存在、是否合法有效、是否终止）的专属管辖权；（b）合同双方均认为英格兰法院是解决贷款合同纠纷的最合适最方便法院且对此点双方都没有异议；（c）上述合同条款内容仅为贷款方 MCB 银行的利益而设定，因此贷款银行有权在法律允许的范围内，在英格兰法院或者英格兰法院之外的其他任何法庭启动与本贷款合同相关纠纷的法律程序，而借款人必须受到（a）项规定限制，只能在英格兰法院起诉。

毛里求斯商业银行在英格兰法院起诉了借款人被告 Hestia 公司。借款人被告 Hestia 公司认为英格兰法院对本案不享有管辖权。

借款方认为，合同中约定的这一诉讼管辖权条款是无效的。它旨在授权给贷款方银行一项权利，使得银行可以在世界任何法院起诉借款人，这样的约定违背了英格兰法律遵循的给予合同当事人公平平等的获取法律保护机会的这样一个公共政策目标，这一目标具体体现在《欧洲人权公约》第 6 条所做的规定（公平审判的权利），因此该约定不公平合理从而应属无效。但法院驳回了被告方借款人的抗辩。主要理由有两点：

一是借款人对第 24 条内容的解释是错误的。贷款合同第 24 条（c）款规定的内容，旨在言明，第 24 条（a）款中的规定（英格兰法院享有因贷款合同产生的或与贷款合同相关纠纷的专属管辖权），并不能排除贷款方银行在英格兰之外的地方启动法律程序。换言之，第 24 条（c）款实际上赋予贷款方银行一项权利，可以在任何法庭提起诉讼（该法庭将自认为自身享有审理该案的管辖权）。正是（c）款的规定，使第 24 条看起来具备了“不对称”的特质（此处指贷款人与借款人起诉方面拥有的权利不对称，贷款人拥有权利较借款人更多）。若排除掉（c）款，剩余的（a）款和（b）款规定的内容对贷款人和借款人都是平等适用的。

二是即便借款人对第 24 条规定的解读正确，在英格兰法律中，第 24 条规定的内容仍然是合法成立并且有效的。因为“它就是交易双方讨价还价后达成的结果，法院必须尊重这一交易结果”。换言之，合同双方必须对自己在合同中做出的承诺负责。法院认为，被告方提及的《欧洲人权公约》第 6 条规定的是“公平审判的权利”，第 6 条并不关注合同双方在选择解决纠纷的法院这

① ［2013］EWHC 1328（Comm）.

件事上是否公平,它关注的是被选择的法院在审理合同纠纷的过程中是否对双方做到了审判的公平合理。法院还回顾了英格兰法院做出的与本案类似纠纷的判例,并认为,这些判例表明,英格兰法院历史上一贯尊重与本案合同中第 24 条相类似的"单向性诉讼管辖条款"的法律效力。

实际上,英国法院对这类混合型管辖权条款的法律效力历史上一贯持承认和支持的立场。早在 1993 年的英国上诉法院审理的 Continental Bank 诉 Aeakos Compania Naviera 案(Continental Bank 案)中,英国法院便承认此类条款的法律效力。① 原被告双方签订的贷款合同中的管辖权条款约定:"每一借款方不可撤销地接受英格兰法院的管辖……但贷款方银行在本合同保留向任何声称或拥有管辖权的法院提起诉讼的权利……"此后,借款方在希腊法院提起诉讼,贷款方银行向英格兰法院起诉,要求英格兰法院颁发一项针对借款方的"禁诉令",以停止借款方在希腊法院启动的诉讼程序继续进行。最后,英国上诉法院支持了贷款方银行的诉讼请求,认为按照双方签订的管辖权条款规定,借款方只能在英格兰法院提起与本合同纠纷有关之诉讼,而贷款方银行除了可以在英格兰法院起诉之外,还可以在英格兰法院之外的其他国家或地区的法院起诉。

英国法院之后又于 2011 年审理的 Lornamead Acquisitions Ltd 诉 Kaupthing Bank HF 案(以下简称 Lornamead 案)中,再次判决支持该类管辖权条款法律效力。② Kaupthing 银行是一家冰岛银行。Lornamead 公司则是一家依照英格兰法律注册成立的公司。原被告双方签订贷款合同中的管辖权条款规定合同借款方 Lornamead 公司只能在英格兰法院提起诉讼,该合同又规定,贷款方 Kaupthing 银行除了享有可以在英格兰法院起诉的权利外,还享有在其认为合适的任何其他有管辖权的国家或地区的法院起诉的权利。此后借款方 Lornamead 在英格兰法院起诉贷款方 Kaupthing 银行。Kaupthing 银行对英格兰法院的管辖权提出异议,认为依照《卢加诺公约》第 17 条的规定,英格兰法院对本案不享有管辖权,要求英格兰法院依照"不方便法院原则"终止本案诉讼程序。③ Kaupthing 银行还认为,合同中的管辖权条款规定是单方面授权给予该银行的一项选择权,该银行目前选择放弃该项权利之行使,因此英格兰法院对本案已经不再享有管辖权。主审法官认为:本案适用的准据法为《卢加诺公约》第 17 条规定(该条规定与《布鲁塞尔公约》第 17 条规定相同),但该条规定并未赋予 Kaupthing 银行"单方面挑战借款方 Lornamead 依照合同中的管辖权条款已经对 Kaupthing 银行提起的诉讼"的权利,该条款也未曾授权给予该银行以放弃某一法院审判的管辖权,该条款仅仅是给予条款下的"受益人"(此处指该银行)可以在英格兰法院之外其他对本案有管辖权的法院也提起诉讼。但这一条款并未授予银行方面可以妨碍另一项已经合法启动的法律程序继续进行的权利。

(三)我国香港特区

作为国际金融中心之一的我国香港特区,其法院判例也支持第二类混合型管辖权条款。例如,在 2014 年审结的 Venetian Macau Limited v Chen Mei Huan 案判决中,④作为金融机构的原告方 Venetian Macau Limited 向本案被告人 Chen Mei Huan 贷款,双方在贷款协议中约定的管辖权

① [1994] 1 WLR 588.

② [2011] EWHC 2611 (Comm).

③ 公约第 17 条第(4)款规定,"如果指定管辖权的协议只是为了当事人中一方的利益而订立的,则该方当事人可以保留向本公约规定有管辖权的其他法院提起诉讼的权利"。If an agreement conferring jurisdiction was concluded for the benefit of only one of the parties, that party shall retain the right to bring proceedings in any other court which has jurisdiction by virtue of this Convention.

④ 该案法院判决书,见[2014] HKCFI 128; HCA 1440/2012 (27 January 2014)。

条款规定，双方因该贷款合同引发的争议均应提交给中国澳门特区法院专属管辖，但这一约定并不排除原告方享有下述的权利，即原告方有权在世界上任何一地的法院就该贷款协议引发的争议提起针对被告方的诉讼。此后，原告方就该贷款协议引发的争议在香港特区法院提起了针对被告方的诉讼。被告方则抗辩认为根据双方在贷款合同中的管辖权条款约定，香港特区法院对本案不享有管辖权，要求法院驳回原告方的起诉，并认为根据管辖权条款的约定，本案纠纷应当由澳门特区法院行使管辖权。但审理该案的香港特区两级法院均驳回了被告方的抗辩，认定根据该管辖权条款的约定的内容，香港特区法院对本案享有管辖权。在此之前的2004年，香港特区法院还在另一起类似案件Siko Venture Limited诉Argyll Equities案中，①判决支持第二类混合型管辖权条款。上述两起判例足以说明，我国香港特区作为主要国际金融中心，其司法判决充分支持上述第二类混合型管辖权条款。

四、两类混合型管辖权条款的作用

实践中出现两类混合型管辖权条款，是有其原因基础的。就第一类混合型管辖权条款而言，众所周知，伦敦和纽约作为两大国际金融中心，两地经长期历史发展和积淀，已经形成较为稳定、透明和可预期的金融争议解决法律规则和司法机制。同时，两地法院为国际金融信贷纠纷提供了较为快捷、完善的司法救济措施（例如，诉讼在吸收第三人参加程序、提供临时救济措施、财产诉前保全、银行账户资金冻结等方面还是具有仲裁不可比拟的优势），多年的司法实践也使上述英美两地法院成为全世界著名的金融争议解决中心，这已在国际金融市场上形成了一种约定俗成的传统，因此债权人往往将在英国或者美国法院进行诉讼作为争议解决的优先选择。诉讼作为国际金融纠纷解决方式固然存在上述诸多优点，但由于目前世界各国之间并不存在得到广泛认可的相互承认和协助执行法院裁决的多边国际公约，因此通过诉讼解决国际金融纠纷面临的最大问题是法院作出裁决后，该裁决的跨国承认和执行环节仍可能面临困难和障碍（例如，美国从未和任何国家签订互相承认和执行法院判决的协定，英国所签订的类似协议数量也极为有限，这就使传统的选择英美法院解决信贷争议仍可能存在障碍）。

与诉讼方式形成对比的是，国际商事仲裁由于其具有自治性、民间性、中立性、专业性、保密性、准司法性、终局性、可执行性等特点，仲裁正在逐步成为替代诉讼解决的新兴争议解决方式。尤其是到目前为止，1958年《承认和执行外国仲裁裁决公约》（《纽约公约》）已经有156个缔约国，因此仲裁裁决可在全球范围内得到广泛执行。

可以看出，诉讼与仲裁作为两种最主要的纠纷解决方式，在国际金融交易纠纷的解决上，各有优劣之处。因此，前述第一类混合型管辖权条款（尤其是其中的b小类）使得订立国际金融交易合同的银行等金融机构得以视其所涉及的金融交易合同的具体情况，优先从诉讼和仲裁两者之中选择一项可以给它们所面临金融交易合同纠纷解决带来利益最大化的解决方式。

就第二类混合型管辖权条款而言，对金融交易合同中的债权人一方（通常是贷款银行）而言是有利的。因为这一条款的规定一方面可以使合同债务人（借款人）被限定为只能在合同规定的一家法院提起诉讼，使作为债权人一方的贷款银行可预先知晓自身将可能在何地法院被起诉。同时由于债权人贷款银行保留有在债务人住所地法院或其他任何债权人认为适格的法院对债务

① ［2004］HKCFI 621；HCA 3645/2003.

人提起诉讼的权利，因此若债权人贷款银行发现在债务人提起诉讼的法院应诉对自身不利时，债权人可以选择另一个对实现自身利益更为有利的法院另行起诉，债权人银行通常选择在合同发生纠纷时债务人财产所在地法院另行起诉，这样可以便于将来裁判的顺利执行。由于在贷款合同达成之后，债务人的财产所在地可能一直变动不居，这样约定的条款对于债权人诉讼后的裁判执行是有助益的。

因此，这类条款规定使得金融交易合同债权人一方掌握选择金融交易合同诉讼管辖法院的主动权，这对于可能牵涉数个国家的国际辛迪加银团贷款合同中的银团组成成员银行而言，在自己信得过的法院提起诉讼，具有十分重要的价值和意义。

正因为这些原因，世界上许多国家或地区的立法或法院裁判均支持认可上述两类管辖权条款的法律效力。作为英美普通法系代表同时也是世界金融中心的伦敦和纽约所在地的英格兰及纽约州法律及法院，均有判例支持两类管辖权条款。而大陆法系中的法国及德国法院也有体现承认两类条款效力的裁判。但仍有部分国家或地区的立法或法院判决并不支持上述两类条款的法律效力。①

五、中国法律对此问题的规定、法院判决及其分析

（一）对纠纷解决方式选择的确定性要求

我国《仲裁法》对管辖权条款中纠纷解决方式的选择强调其应具备确定性，即能够通过管辖权条款约定的内容明确知晓双方在发生纠纷后将从诉讼和仲裁中选择哪一种作为纠纷解决方式。例如，《仲裁法》要求当事人订立的仲裁协议中必须包含有明确的仲裁意思表示；②建立了仲裁和诉讼不可兼得的“或审或裁”制度。③ 最高人民法院在《仲裁法》司法解释中也明确规定，仲裁协议中不能出现将诉讼和仲裁两种纠纷解决方式并列的情形。④ 在针对相关的司法判决所提出的意见中，最高人民法院再次对在仲裁协议中出现的将诉讼和仲裁两类纠纷解决方式并列的做法表示明确反对。⑤

我国相关立法和司法中，若当事人订立的管辖权协议或仲裁协议中出现本文所述的第一种类型（包括其中的 a 小类和 b 小类）管辖权条款，将因触犯“或审或裁”“诉讼与仲裁不可并列”的法律规定而无效。

---

① 根据英国律所 Clifford Chance 对此问题所做的一项专题调查结果显示，英格兰、威尔士、希腊、中国香港特区、意大利、卢森堡、西班牙、法、德、日本、荷兰、新加坡、南非、瑞典、瑞士、美国等国家或地区法院判决承认并支持两类混合型管辖权条款的效力。但保加利亚、俄罗斯联邦、罗马尼亚、波兰法院判决明确不承认此类管辖权条款的法律效力。Marie Berard and James Dingley, Unilateral option clauses in arbitration: an international overview, 最后访问日期：2017 年 4 月 9 日。

② 《仲裁法》第 16 条第 2 款第 1 项规定：“仲裁协议应当具有下列内容：（一）请求仲裁的意思表示……”

③ 《仲裁法》第 5 条规定，“当事人达成仲裁协议，一方向人民法院起诉的，人民法院不予受理，但仲裁协议无效的除外”；第 26 条规定，“当事人达成仲裁协议，一方向人民法院起诉未声明有仲裁协议，人民法院受理后，另一方在首次开庭前提交仲裁协议的，人民法院应当驳回起诉，但仲裁协议无效的除外；另一方在首次开庭前未对人民法院受理该案提出异议的，视为放弃仲裁协议，人民法院应当继续审理”。

④ 《最高人民法院关于适用〈中华人民共和国仲裁法〉若干问题的解释》第 7 条规定，“当事人约定争议可以向仲裁机构申请仲裁也可以向人民法院起诉的，仲裁协议无效”。

⑤ 最高人民法院在 2002 年 10 月 8 日给福建省高级人民法院《关于厦门樱织服装有限公司与日本喜佳思株式会社买卖合同欠款纠纷一案的请示复函》中指出，“鉴于当事人既约定通过仲裁又约定通过诉讼方式解决其争议，该约定违反了仲裁排除法院管辖的基本原则，应认定该仲裁条款无效”。

（二）确定纠纷解决方式时，合同双方权利是否“平等均衡”？

根据我国法律及法院司法实践，仲裁协议或管辖权条款中，如果约定合同一方单独享有纠纷解决方式的选择权、而另一方不享有相应选择权，这样的约定可能因“显失公平”而无效。例如，1999 年 12 月北京市高级人民法院关于执行《关于审理请求裁定仲裁协议效力、申请撤销仲裁裁决案件的“暂行规定”和“若干问题的意见”的说明》第 5 条规定：“下列仲裁协议应当认定无效：……（三）仲裁协议显失公平。如‘发生争议，由卖方选择其认为适当的仲裁机构进行仲裁’。该协议直接剥夺了一方当事人寻求解决纠纷途径的权利。”由此可见，北京市高级人民法院认为应当注重保持双方当事人权利的平衡，不允许一方单方面享有仲裁机构的选择权，更不允许一方单方面的享有诉讼或仲裁的选择权。①

若对照北京市高级人民法院此规定，前文中所述的混合型管辖权条款中的两类（第一类中的 a 小类、b 小类以及第二类）管辖权条款，由于都出现了单方面赋予合同中的某一方选择诉讼或仲裁的权利，可能因此被我国法院判定为“显失公平”而无效。

但最高人民法院在 1999 年 12 月裁决的“住友银行有限公司与新华房地产有限公司贷款合同纠纷管辖权异议案”［（1999）经终字第 194 号］中，却认可了第二类混合型管辖权条款之法律效力。② 上海市高级人民法院 2010 年 10 月裁决的“赖某等与荷兰银行有限公司（ABN AMRO BANK N. V.）财产损害赔偿纠纷上诉案”［（2010）沪高民五（商）终字第 49 号］中，同样也裁决认可了第二类混合型管辖权条款的效力。③

这说明，我国各地各级法院对仲裁协议或管辖权条款中，约定合同一方单独享有纠纷解决方式的选择权、而另一方不享有相应选择权的态度和做法并不完全一致，相关法律如《民事诉讼法》或《仲裁法》对此也没有明确规定。

（三）分析与建议

1. 条款内容“平等性”之分析

如前所述，之所以出现有两类混合型管辖权条款，是由于在国际金融交易如跨国贷款或债券发行中，债务人一方面临较少风险，而金融机构如银行等债权人，却面临比债务人更多的风险：它既面临借款人（债务人）到期不能偿还贷款本息的信用风险，而且合同一旦发生纠纷，又可能面临债务人所在国家/地区法院仲裁机构偏袒债务人一方的风险（地方保护主义在跨国诉讼/仲裁中的具体体现），此外即便有关法院/仲裁机构能秉公执法公正裁决，金融机构债权人还可能面临因无法确切掌握债务人资产导致诉讼或仲裁即便己方胜利而执行裁决难以实现的风险。因此，为

---

① 陈剑玲：《论诉讼/仲裁多重管辖条款的效力问题》，载国际经济法网：http：ielaw. vibe. edu. cn. ，最后访问日期：2017 年 4 月 9 日。

② 最高人民法院在该案裁决书中写到“由于本案双方当事人同时在融资贷款协议第 23.1 条约定‘本协议适用香港法律’（this agreement is governed by Hong Kong law），故应适用当事人约定的该融资贷款协议的准据法即香港法律对约定管辖条款的含义作出解释。依据香港法律，该协议管辖条款应理解为，若借款人新华公司作为原告就该融资贷款协议纠纷提起诉讼，应接受香港法院的非专属管辖权；若贷款人住友银行作为原告就该融资贷款协议纠纷提起诉讼，即可以向香港法院提起，也可向香港以外的其他有管辖权的法院提起。”

③ 该案中，赖某、刘某与荷兰银行有限公司签订《个人外汇及衍生品交易主协议》一份，该协议第 13 条第 15 款 b 项明确约定：关于任何起诉、诉讼或与此协议相关的诉讼程序以及为了银行自身的利益，合约方应不可撤销地将有关诉讼提交香港法院裁决，但并不限制银行将诉讼提交到任何其他的司法辖区。但赖某等之后向上海市第一中级人民法院起诉。上海市第一中级人民法院受理后，荷兰银行有限公司提出管辖权异议。上海市第一中级人民法院及上海市高级人民经审理后，均认为双方在合同中管辖权条款中约定了由香港法院行使专属管辖权，上海两级法院均裁决遵照香港法院对此合同纠纷的专属管辖权。

抵御上述风险，金融机构在和借款人等债务人签署相关金融交易合同时，常常订入文中所述的两种类型的混合型管辖权条款，以降低自身面临的诸多风险，尽可能保护自身权益。如果单就这两种类型的混合型管辖权条款本身内容来看，合同一方（通常是债权人一方）单方面享有选择诉讼或仲裁的权利，确实有违“公平”“权利平等”等法律基本原则之嫌。但笔者认为，判断合同中的管辖权条款或仲裁协议条款所约定的内容是否公平合理，不仅要从条款本身入手加以分析，而且还应将该条款与合同其他条款结合起来加以分析，应当将合同条款作为一个整体加以分析，才能得出正确的结论。如前所述，金融交易尤其是贷款交易或债券发行交易中，贷款方银行或债券持有人作为债权人承担的各类风险要远大于借款人或债券发行人，因此无论是作为风险抵御措施，还是作为对债权人一方所承担的更多风险的补偿（这恰好体现“公平”“平等”原则），在合同中的管辖权条款或仲裁协议中单方面给予债权人一方以诉讼或仲裁的优先选择权，并不实质违背合同双方权利的“公平”“平等”原则。

2. 条款内容“确定性”之分析

就我国《仲裁法》所追求的仲裁条款的“确定性”要求而言，上述两类混合型管辖权条款对“确定性”要求的满足程度的确存在一定的差异。具体而言：

第一类混合型管辖权条款当中的 a 小类，在“确定性”程度上较差，合同双方究竟选择仲裁方式还是选择诉讼方式较难明确判定，因此 a 小类管辖权条款实践中很容易引发合同双方在这一问题上产生纠纷。

但第一类混合型管辖权条款当中的 b 小类，一旦债权人一方在仲裁或诉讼两者中作出了选择，双方合同纠纷最终的解决方式也随之被确定，因此该小类条款在“确定性”上并不存在问题。

第二类混合型管辖权条款，债务人主动起诉时，可以选择的诉讼法院被条款内容预先限定为某一特定地点，因此具备“确定性”。① 但债权人主动起诉时由于可以自由选择法院因此仍将导致很大的“不确定性”。为消除上述“不确定性”，笔者认为，此类条款应当规定，债权人一方所选择的诉讼法院地应当满足“具体明确”的要求，可采取列举方式列出债权人从中可选择的诉讼地点（例如，双方合同签订地、合同主要债务履行实际履行地、债务人主要财产所在地、债务人经常居所地、债务人住所地、债务人注册登记地、债权人经常居所地、住所地、注册登记地等），债权人一旦从中做出选择，双方合同纠纷的诉讼法院地也将随之得到确定。

3. 若干结论

总之，两类混合型管辖权条款的出现，是基于金融市场参加者管控自身面临的经营风险需要而做出的一种实践创新。虽然存在与当前我国实定法律相冲突之处，但其合理性与价值不容全盘抹杀，尤其是当前我国正致力于建设包括上海深圳等地在内的“国际金融中心”，包括《仲裁法》在内的诸多法律成为“国际金融中心”建设不可或缺的重要的制度基础设施。而两类混合型管辖权条款又正回应了金融机构管控自身金融交易风险的合理要求，对金融机构本身稳健经营及“国际金融中心”建设可起到推进作用。

---

① 部分人认为，如果债权人起诉法院与债务人起诉法院不一致时，以何者起诉法院为优先？这也可能导致管辖法院的“不确定性”。实际上这种担忧是没有逻辑基础的。按照管辖权条款规定，债务人主动起诉的情况下只能到限定的一个法院起诉。因此，如果出现如果债权人起诉法院与债务人起诉法院不一致，这意味着债权人与债务人同时到法院起诉（第一种情形）或者债权人在债务人起诉之后再到法院起诉（第二种情形）。这两种情形之下，管辖法院都必须是债务人起诉之法院。只有当债务人并未主动起诉、但债权人主动起诉的情形下，债权人可以按照条款的约定，行使自己的诉讼法院选择权。

笔者建议,对于第一类管辖权条款中的 a 小类条款法律效力,我国《最高人民法院关于适用〈中华人民共和国仲裁法〉若干问题的解释》第 7 条规定“当事人约定争议可以向仲裁机构申请仲裁也可以向人民法院起诉的,仲裁协议无效。但一方向仲裁机构申请仲裁,另一方未在仲裁法第 20 条第 2 款规定期间内提出异议的除外”。因此,如果双方在合同中订立 a 小类型的管辖权条款后,单独享有将争议提交仲裁选择权的一方合同当事人选择采用仲裁方式解决纠纷,合同另一方在规定的期间内没有提出异议的情形下,双方之间的仲裁协议仍应被视为有效;但如果另一方在规定的期间内提出异议,双方之间的仲裁协议将因此而被视为无效;对于第一类管辖权条款中的 b 小类条款,由于其在“确定性”和“平等性”上均不存在实质的法律障碍,因此应当被视为具有法律效力;而对于第二类管辖权条款在做出前文所述相应修改并满足“明确具体”的标准要求后,亦可被认定为有效。

Legal Validity Issues of the Hybrid Jurisdiction Clauses

By Zheng Hui

Abstract: Hybrid jurisdiction clauses, as a kind of instrument for solving contract disputes, are not only innovations for controlling financial risks invented by financial institutions, but also frequently adopted by the financial institutions in the international financial trading contracts. Recent adjudications awarded by the French and Anglo courts recognized the legal validity of this kind of clauses. Although hybrid jurisdiction clauses do have some contradictions with current Chinese laws, it is recommended that this kind of clauses be recognized legally after they have undergone some necessary revisions.

Key words: Hybrid Jurisdiction Clauses　Arbitration　Litigation

（责任编辑:陈　挚）

虚假仲裁中案外人权益之侵权法救济(上)

冼景宏*

内容提要　虚假仲裁中,我国民诉法执行救济制度与裁决司法审查制度未能担起保障案外人权益的任务,新司法解释规定的案外人申请不予执行仲裁裁决制度拓展了申请主体范围,但限于执行阶段。侵权救济可弥补此不足,案外人可依《侵权法》第6条提起侵权之诉,以保障当事人自身利益。

关键词　仲裁案外人权益　侵权救济　既判力　预决力

一、虚假仲裁案外人权益之各类救济方式分析

虚假仲裁,是指仲裁程序中处于对立地位的双方当事人,出于占有他人财产或躲避债务履行等非法目的,伪造证据,捏造事实,虚构法律关系,提起仲裁,损害案外人权益或公共利益的行为。实践中,虚假仲裁的侵害对象包括案外人权益和公共利益。在虚假仲裁损害公共利益时,《中华人民共和国仲裁法》(以下简称《仲裁法》)第58条以及《中华人民共和国民事诉讼法》(以下简称《民诉法》)第237、274条作出了明确规定,人民法院应当依职权对违背社会公共利益的虚假仲裁裁决裁定撤销或不予执行。在虚假仲裁损害案外人权益时,法院无对仲裁裁决主动进行司法审查的义务。就虚假仲裁中由案外人提起的,维护其权益的保护或救济方式,学界存在以下几种思路:(1)仲裁第三人制度;(2)《民诉法》中的执行救济制度;(3)审判监督程序;(4)第三人撤销之诉;(5)仲裁裁决司法审查制度;(6)侵权之诉。

实际上,上述方式并非均具备合理性与可行性。第一,就仲裁第三人制度而言,且不论可能动摇仲裁自身的性质、价值与优越性和增加诉讼化之风险,①在当事人存在恶意时,案外人亦难以获得参加仲裁之通知。第二,我国审判监督程序阶段不适用当事人处分原则,而代之以国家干预,与民事诉讼的基本原则发生冲突。② 若运用于仲裁的监督,必将侵蚀仲裁当事人的意思自治。第三,从本质上讲,第三人撤销之诉依然归属于特殊救济途径,应属于再审的范畴,实质上就是再审主体范围对第三人的开放。③ 对仲裁当事人意思自治同样存在过分干预之可能。同时,第三人撤销之诉造成的最大弊端还在于,可能使处于制度化构建过程中的既判力理论在观念上被排斥。④ 观察我国司法实践,案外人采用的救济方式主要有《民诉法》规定的执行救济制度与《仲裁法》规定的仲裁裁决司法审查制度,但适用过程中亦存在不同程度之障碍。

---

* 西南政法大学中国仲裁学院2017级硕士研究生。

① 宋连斌、杨玲:《论仲裁第三人》,载中国广州仲裁委员会主办:《仲裁研究》(第5辑),法律出版社2005年版。

② 张卫平:《民事再审:基础置换与制度重建》,载《中国法学》2003年第1期。

③ 张卫平:《中国第三人撤销之诉的制度构成与适用》,载《中外法学》2013年第1期。

④ 林建锋:《既判力相对性原则在我国制度化的现状与障碍》,载《现代法学》2016年第1期。

(一)《民诉法》中的执行救济制度

在执行阶段中,《民诉法》为仲裁案外人在执行阶段提供了三种可能的保护途径,即执行行为异议、执行标的异议,以及对执行标的异议裁定不服而提起的执行异议之诉。

1. 执行行为异议

《民诉法》第225条规定了执行行为异议,当法院执行行为违反法律规定,案外人作为利害关系人可以向执行法院提出异议。在杜某某诉徐某某等民间借贷纠纷案的执行程序中,邯郸市中级人民法院尽管未依职权认定虚假仲裁,却通过支持案外人吝某某提出的一审法院未查清被执行人名下财产之行为违反法律规定的复议理由,保护了案外人的利益。[①] 但是,该条款规范的是法院执行行为,并不涉及执行依据的审查,法院的执行行为并不会因为依据的是虚假仲裁裁决就必然违反有关执行行为之规定。因此,执行行为异议的适用存在局限性。

2. 执行标的异议及执行异议之诉

《民诉法》第227条规定了案外人执行标的异议以及对法院驳回裁定不服而提起的执行异议之诉,适用时存在以下障碍:(1)从《民诉法》第227条的表述看,案外人执行异议的执行依据仅限法院生效裁判,不包括仲裁裁决。(2)根据《最高人民法院关于适用〈中华人民共和国民事诉讼法〉的解释》(以下简称《民诉解释》)第312条的规定,案外人就执行标的享有足以排除强制执行的民事权益,是人民法院判决不得执行该执行标的前提。案外人对执行标的享有的所有权、用益物权、担保物权、股权、甚至租赁权等权利均可作为异议的事由。至于一般债权,为相对权,当债务人不能履行债的义务时,债权人得向债务人请求承担违约责任或者赔偿责任,并无提起异议之诉的利益。[②] 在虚假仲裁损害案外人分配利益的情形,仅享有一般债权的情况下,案外人将无法通过执行标的异议或执行异议之诉进行救济。(3)执行异议之诉,源于诉讼法规定的排除法院执行行为的异议权,是一种形成之诉。[③] 执行有异议之诉关注的是案外人是否享有实体权利以及该实体权利能否排除法院的执行,不涉及对原仲裁裁决的审查,救济存在不彻底性,存在虚假仲裁当事人绕过执行程序损害案外人利益的可能。

(二)仲裁裁决司法审查制度

我国《仲裁法》第58条、第63条以及第71条,设立了仲裁裁决的撤销及不予执行两种司法审查制度。撤销或不予执行制度的适用存在以下不足:(1)申请主体尚未囊括案外人。虽然实践中有法院依职权认定裁决违反社会公共利益进而撤销,但最高人民法院在甘肃省中国某某旅行社与林某某、陈某某房屋买卖合同纠纷的审判监督程序中,明确指出在市场经济条件下,国有企业参与市场交易与其他市场主体地位平等,其资产利益不能等同于社会公共利益。[④] 鉴于此,一般案外人的利益是否等同于公共利益更是值得深究的。(2)对国内裁决的审查涉及实体部分。目前,国际的通行做法是对非实体内容进行广泛的监督,而对于仲裁裁决的实体内容则仅以公共政策审查为限,对其他实体内容不予干预。[⑤] 仲裁庭可以做到的只能是最大限度地保证法律认定

---

① 参见河北省邯郸市中级人民法院(2018)冀04执复3号民事裁定书。

② 唐力:《案外人执行异议之诉的完善》,载《法学》2014年第7期。

③ 唐力:《论民事执行的正当性与程序保障——以第三人异议之诉为中心》,载《法学评论》2009年第5期。

④ 参见最高人民法院(2014)民提字第216号民事判决书。

⑤ 杨秀清、史飚:《仲裁法学》,厦门大学出版社2016年版,第255页。

的事实符合真正的事实，而这种最大限度地追求真正的事实的保障正是程序上的正义。[①] 仅对程序性事项进行审查，能够在最大限度地追求公正价值的同时实现权重更大的效率价值，实体审查将造成仲裁效率价值的下降。

从2018年3月1日起施行的《最高人民法院关于人民法院办理仲裁裁决执行案件若干问题的规定》第9、18条规定的案外人申请不予执行仲裁裁决制度。同日上午，首份不予执行仲裁裁决申请书即由案外人北汽福田汽车股份有限公司欧曼重型汽车厂递交到齐齐哈尔市中级人民法院。[②] 案外人申请不予执行制度，是仲裁裁决不予执行制度的创新，首次赋予了案外人在有证据证明仲裁案件存在当事人恶意申请仲裁或者虚假仲裁时，申请不予执行仲裁裁决的权利。最高人民法院执行局局长孟祥表示，个别当事人虚假仲裁，不仅损害了案外人的合法权益，而且损害了仲裁与司法的社会公信力，此举赋予了案外人进一步救济的权利，以充分保障其权益。[③]

美中不足的地方是，案外人申请不予执行制度适用阶段是裁决执行时，因此，主要存在以下适用障碍：（1）仲裁当事人申请执行时，存在案外人尚未掌握足以提起不予执行申请证据的可能。（2）仲裁当事人在特殊情况下可以绕过法院执行程序，私下完成仲裁裁决履行。（3）尽管个别裁决的可执行内容并未涉及案外人的权益，但是其确认的证据或事实成为在后诉讼或仲裁程序中对案外人不利的证据。（4）在虚假仲裁稀释债权的案件中，虚假仲裁当事人借助破产程序的提起，无须通过执行程序即可损害作为债权人之一的案外人之权益。

二、虚假仲裁案外人权益侵权法救济的必要性

《侵权责任法》第2条规定，侵害民事权益，应当依照本法承担侵权责任。虚假仲裁中，当事人通过伪造证据、捏造事实、虚构权利义务关系，侵害了案外人的利益，因此案外人可以当事人为被告提起侵权之诉。

侵权救济的运用有以下特点：（1）从节约立法资源来说，侵权救济属于现行的法律制度，无须进行修改即可以运用，体现经济性。（2）根据既判力理论，侵权之诉的提起与在先裁决不存在冲突，实现了维护案外人权益与仲裁裁决一裁终局制度的统一。（3）侵权之诉属于另行起诉，不涉及对在先仲裁裁决之司法审查，实现的是实质正义与仲裁自治性的统一。（4）从侵权法的功能来说，侵权救济的运用，除了可以实现对案外人的补偿，还能通过惩罚虚假仲裁当事人，预防类似行为的发生。

案外人权益的侵权法救济作为对案外人申请不予执行仲裁裁决的补充，存在以下优势：其一，在虚假仲裁裁决已由法院强制执行或由当事人私下履行后亦可适用；其二，可对不经执行程序损害案外人债权的债权稀释型虚假诉讼进行救济。具体情形通过以下案例体现：

例1：假设甲乙婚后双方父母各出资50%为子女购置婚房但只登记在甲的名下，依据《最高人民法院关于适用〈中华人民共和国婚姻法〉若干问题的解释（三）》第7条第2款该婚房应为甲乙按各自父母出资份额按份共有。甲意图侵害乙的权利，与第三人丙伪造买卖合同提起虚假仲裁，仲裁庭裁决甲向丙履行过户义务，甲与丙持裁决书到房屋管理部门办理了变更登记。本案

---

① 陈忠谦：《论仲裁裁决的撤销与不予执行——兼谈中国〈仲裁法〉的修改》，载《仲裁研究》2006年第8辑。

② 崔东凯：《首份申请书递交齐齐哈尔中院》，载《法制日报》2018年3月2日，第6版。

③ 张晨、刘子阳：《遇恶意虚假仲裁有权申请不予执行》，载《法制日报》2018年2月26日，第3版。

中,虚假仲裁当事人甲与丙对案外人乙的物权侵害并未经由法院执行程序实现。裁决不予执行制度关注的是执行阶段之救济,无法应对虚假仲裁当事人绕过法院执行程序损害案外人权益的情形。此时,案外人乙可以甲与丙为被告,通过侵权之诉维护自身权益。

例2:沿用例1的基本案情,乙一直居住在涉案房屋中,甲与丙为使裁决能够得到履行,假意由丙申请法院强制执行程序,法院向房管局发出协助执行通知书,乙亦被丙要求搬出涉案房屋。因购房时间久远,案外人乙在强制执行程序进行之时,尚未掌握自己是涉案房屋共有人的充分证据,无法完成申请裁决不予执行举证。无奈,乙只能搬出房屋。一个月后,乙找回了当年自己父母出资购房的证据,足以证明自己系房屋共有人身份。由于虚假仲裁裁决业已强制执行,申请裁决不予执行变得不可能。此时,案外人乙可以利用掌握的新证据,提起侵权之诉,救济自身权益。

例3:B公司是A公司的债权人,债务人A公司为逃避债务与C公司共同伪造借款合同,并提起虚假仲裁。仲裁庭作出裁决,认定C公司对A公司享有巨额债权。随后,债务人A公司被“债权人”C申请破产。最终,在A公司破产程序中,B公司的受偿率从90%降到了3%。本案是一个债权稀释类的虚假仲裁,当事人通过伪造债权、申请破产程序成功绕过法院执行程序,最终妨碍了案外人的债权实现,案外人无法申请仲裁裁决不予执行。此时,案外人可就虚假仲裁当事人侵害自身债权的行为提起侵权之诉。

上述三个案件,例1对应虚假仲裁当事人绕过执行程序的情况,例2对应虚假仲裁裁决已经执行的情况,例3对应虚假仲裁无须执行的情况。在上述三种情况下,案外人不具备申请仲裁裁决不予执行的条件,因为不予执行制度关注的是裁决执行阶段的救济,从时间维度上看,具有一定的局限性。而主张虚假仲裁当事人的侵权责任成立只需要有侵权行为、过错、损害结果以及侵权行为与损害之间存在因果关系即可。在造成实质性损害后,案外人即可提起侵权之诉,无时间维度限制,无论在执行程序前、执行程序后或者不存在执行程序之情形,侵权救济均可适用。

鉴于前述救济模式存在的种种适用障碍,以及考虑到侵权救济的特点以及适用优势,有必要构建以仲裁裁决不予执行制度为一般救济手段,以侵权救济为特殊救济手段的救济模式,从而为案外人权益提供全面有效的保障。

三、虚假仲裁案外人权益侵权法救济的可行性

(一)侵权法救济的适用障碍评析

对虚假仲裁当事人提起侵权之诉,存在理论和法律的障碍。其一,现行法律对于案外人提起侵权之诉进行权利救济的规定在一定程度上加重了案外人的举证负担。① 如何认定虚假仲裁当事人的主观故意以及证明虚假仲裁行为与案外人权益受损害结果间的因果关系尤为关键。其二,目前《侵权责任法》所保护的财产权仅限于物权,对于侵犯债权的行为并不能通过侵权之诉寻求救济。② 而实际上,虚假仲裁亦存在造成案外人债权损害之可能。其三,目前侵权行为的内涵尚未扩及虚假仲裁当中。③ 即虚假仲裁尚未被类型化为《侵权责任法》的具体侵权行为。第二点和第三点质疑可归纳为对法律依据的质疑。其四,基于侵权责任的构成要件需要,请求侵权损害

① 汪祖兴:《完善仲裁案外人权利救济制度的建议》,载《法制日报》2015年11月25日,第9版。
② 董暖、杨弘磊:《虚假仲裁案外人权利的司法救济研究》,载《法律适用》2017年第21期。
③ 李昌超、霍柯言:《仲裁案外人权利救济体系探赜》,载《山西师大学报》(社会科学版)2014年第3期。

赔偿要以存在实际损害为前提。这一事后救济模式使得利益遭受侵害的仲裁案外人在寻求救济时显得过于被动。①

针对第四点质疑,可以从侵权救济的定位和虚假仲裁的特征分析。从侵权救济的定位来看,当案外人意识到虚假仲裁有侵害自身权益之危险时,可以通过案外人申请不予执行仲裁裁决制度进行救济,足以起到事前救济作用。侵权之诉应对的是虚假仲裁不经过执行程序损害案外人的情形。从虚假仲裁的特征来看,在仲裁的保密性以及虚假仲裁当事人的主观恶意双重因素影响下,案外人难以知悉虚假仲裁的存在。法院执行程序客观上有利于使案外人认识到虚假仲裁的事实,在不经过执行程序造成案外人损害的虚假仲裁中,即便存在有效的事前救济程序,案外人亦没有运用该程序进行救济的意识前提。通常只有在受到损害后,案外人才有可能了解到虚假仲裁的事实。因此,对案外人提供侵权之诉这一事后救济程序是足够且合理的。至于侵权法救济缺乏法律依据与案外人举证困难之质疑,下文将逐一分析,探讨虚假仲裁案外权益侵权救济的可行性。

(二)侵权法救济的法律依据

从法律依据上看,虚假仲裁侵权救济主要存在两个问题,第一,案外人的民事权益是否均为侵权法的保护对象。第二,虚假仲裁侵权行为未类型化对侵权之诉提起之影响。

1. 案外人的债权受侵权法保护

从《最高人民法院关于依法制裁规避执行行为的若干意见》第 16 条可得知,司法实践中,当事人提起虚假仲裁主要为了转移财产、虚构优先债权或者申请参与分配。因此虚假仲裁对案外人权益造成损害的客体主要可分为物权和债权。根据《侵权责任法》第 2 条,《侵权责任法》保护的民事权益包括所有权、用益物权、担保物权,因而物权作为民事权利受到侵权法保护。相比之下,传统侵权法原则上只保护支配权。② 作为相对权的合同债权受制于意思自治原则,它是基于当事人之间的约定而产生的,权利人也可以基于自己的意志抛弃转让,当债权受到侵害时主要用合同法就可以保护。③ 纵然债权并非传统侵权法所保护的客体,在虚假仲裁中,基于以下原因案外人的债权亦能够得到保护:其一,对于第三人侵害债权是否受《侵权责任法》调整,没有明确作出规定,立法时大多数意见认为第三人侵害债权应当属于侵权责任的范围。第 2 条第 2 款列举了部分民事权益,最后用了"等人身、财产权益",这可以涵盖第三人侵害债权的问题。④ 观察《侵权责任法》第 2 条的表述,其对所列举的受保护民事权益是不完全列举,其中"财产权益"是一个概括性语词。债权与前述列举的物权、股权、知识产权、继承权一样,作为一种财产性权利纳入侵权法所保护的财产权益范畴是题中应有之义。其二,合同法的保护义务实质上维护的是固有利益,系基于技术上的考虑而被纳入合同关系框架,但从侵权法的视角观察,契约背景同样可以提升侵权法之强度。⑤ 随着侵权法与合同法理论的发展,二者规制的领域出现了重合,甚至出现了侵权法对合同法的蚕食,违反债权保护义务的行为被纳入到侵权法调整范围。其三,债权之所以不被认为是受侵权法保护的权利,因其不具社会公开性,不能因为"过失"侵害债权的客体或债务人的

① 刘东:《论仲裁裁决案外人利益的保护——以案外人第三人撤销仲裁裁决之诉为中心的研究》,载《法治研究》2015 年第 2 期。

② 车辉主编:《侵权责任法实训教程》,法律出版社 2018 年版,第 13 页。

③ 王利明:《侵权行为概念之研究》,载《法学家》2003 年第 3 期。

④ 王盛明主编:《中华人民共和国侵权责任法释义》,法律出版社 2010 年版,第 27 页。

⑤ 叶金强:《论侵权法的基本定位》,载《现代法学》2015 年第 5 期。

人身而使行为人对所有的债权人负损害赔偿。[①] 如果是故意侵害他人债权，基于对侵害客体的可预见性，应当承担责任。“期待可能性”可以从两方面着眼：一方面，行为人知道债权的存在并积极追求或放任其受损；另一方面，行为人故意直接指向债权，以债权的受损为其行为目的。[②] 在虚假仲裁中，作为债权第三人的一方当事人存在损害债权之故意，因此造成案外人债权损害时，应承担侵权责任。在作为债务人方的一方当事人还存在侵权与违约责任竞合的情形。虽然，侵权法着眼于对第三人造成债权人损害的救济，[③]对债务人的一方应主张违约责任。但基于当事人恶意串通，共同故意提起虚假仲裁，将债务人一方当事人列为共同被告，更有利于实现对债权人即案外人的权益之救济。

2. 虚假仲裁侵权行为未类型化不妨碍侵权之诉的提起

所谓一般条款，是指在成文侵权行为法中居于核心地位的、作为一切侵权请求之基础的法律规范。[④] 综观各国侵权行为立法，德国、我国台湾地区采用了递进的列举模式；法国、加拿大部分地区、美国的一个州都采用了一般条款模式。[⑤] 我国《侵权责任法》的体系就是按照归责原则建立起来的，即第 6 条第 1 款确立了过错责任的一般原则，它实际就是关于一般侵权责任的规定，属于总则的内容，凡是过错责任之外的适用特殊侵权责任的情形属于分则的内容。[⑥] 即其第 6 条规定了过错责任的一般条款，第五章到第十一章具体列举了各类型化侵权行为及其责任。这种模式可以追溯到《民法通则》，其第 106 条第 2 款是侵权责任的一般条款，其他特殊责任规定在第 121 条至第 133 条，共规定了八种特殊侵权责任。虚假仲裁行为未被列举为《侵权责任法中》的类型化侵权行为，并不会使案外人无法提起侵权之诉，理由如下：其一，侵权责任类型化是与一般条款相对应的概念，它是指在归责原则、责任构成要件、免责事由以及责任形态等方面具有特殊性，有必要按照一定的标准进行归类。侵权责任类型化的目的是实现归责，凡是一般条款可以解决的，就不必类型化，因此类型化必须是一般条款所不能很好适用的，或者能够有助于法官准确掌握特殊的归责条件。[⑦] 尽管虚假仲裁侵权侵犯的客体比较复杂，既包括案外人的权益亦包括仲裁制度的正常秩序，侵权手段也复杂多样，但是，虚假仲裁侵权仍然是一般的过错侵权行为，在归责原则、构成要件和免责事由及责任形态方面并非十分特殊，当前可以通过一般过错责任原则条款涵盖。其二，法律具有滞后性。随着社会的发展，法律所要规范和调整的对象会发生很大的改变，但法律本身却不能与时俱进。[⑧] 法官在符合《侵权责任法》第 6 条第 1 款规定的新型侵权案件面前不能缩手缩脚，不敢判决，不敢作为。[⑨] 正确运用侵权行为一般条款，可以有效应对虚假仲裁这一种新型侵权行为。

（三）侵权之诉的举证责任

我国的《侵权责任法》规定了四种侵权归责原则，第 6 条规定了过错责任原则以及过错推定

---

① 王泽鉴：《侵权行为》，北京大学出版社 2009 年版，第 313 页。
② 曹险峰：《我国侵权责任法的侵权构成模式》，载《法学研究》2013 年第 6 期。
③ 杨立新：《侵权法论》，人民法院出版社 2011 年版，第 25 页。
④ 张新宝：《侵权行为法的一般条款》，载《法学研究》2001 年第 4 期。
⑤ 张新宝：《侵权责任一般条款的理解与适用》，载《法律适用》2012 年第 10 期。
⑥ 王利明：《〈侵权责任法〉的中国特色解读》，载《法学杂志》2010 年第 2 期。
⑦ 王利明：《论侵权责任法中一般条款和类型化的关系》，载《法学杂志》2009 年第 3 期。
⑧ 陈金钊主编：《法学方法论》，北京大学出版社 2013 年版，第 104 页。
⑨ 杨立新：《侵权法论》，人民法院出版社 2011 年版，第 56 ~ 57 页。

原则,第7条规定了无过错原则,第24条规定了公平责任原则。过错推定原则和无过错责任原则适用于法律规定的特殊情形,而公平责任原则适用于侵权人与被侵权人均无过错的情形。因此,虚假仲裁侵权作为一般的侵权行为只能适用过错责任原则。案外人需要证明过错侵权的四要件:违法行为、损害事实、违法行为与损害事实之间的因果关系以及过错。

违法行为与损害事实都具有客观性,能够通过客观的载体为案外人和人民法院实际认识,因此举证相对容易。侵权行为,指因不法侵害他人的权益,依法律规定应对所生损害负赔偿责任的行为。[①] 侵权行为是法律事实中的事实行为,是不法的事实行为。[②] 由此可见,侵权行为具有违法性。违法性这一德国法系特有的概念,由耶林(Jhering)于1867年所创造。[③] 违法性是侵权行为的本质属性。侵害任何一种绝对权利的行为当然具有明确的违法性;违反以保护他人为目的的法律之加害行为、故意违反善良风俗的加害行为,也都具有广义违法性的行为。[④] 虚假仲裁行为的广义违法性体现在对《中华人民共和国民法总则》第8条公序良俗原则之违反,狭义违法性则是违反《中华人民共和国物权法》《中华人民共和国合同法》中有关物权和债权保护之规定。损害事实,由两个要素构成:一是权利被侵害,即具备侵害客体条件;二是权利被侵害造成利益受到损害的结果,即具备利益损害条件。侵权客体是对侵权范围的确定,而利益损害是对赔偿范围的确定。[⑤] 案外人所享有的物权或债权是被侵害的客体,这些权益遭受的损害即为利益损害。

因果关系就是侵权责任法所要求的被告不当行为或须由被告承担责任的他人不当行为或危险源的存在和可赔偿性损害之间的必要联系。[⑥] 关于因果关系各国法律多未规定,系由法院实务创造不同的概念或理论,以界定行为人就其行为所产生损害,应予负责的范围,体现不同的法律文化及思考方法。[⑦] 我国《侵权责任法》对因果关系的认定同样存在立法空白,如《侵权责任法》第6条规定,"行为人因过错侵害他人民事权益,应当承担侵权责任",仅有一个汉字"因"来表述因果关系,对如何认定过错责任下的因果关系并无详细说明。过错责任下的因果关系的理论主要有等值理论、相当性理论、法规目的说、义务射程说、可预见说。等值理论因果关系认定范围过广,会导致无法忍受的宽广损害归责;法规目的说并非一种因果关系理论,实际是解决违法性的问题;义务射程说同样隶属于违法性要件的问题;可预见说成功地将有责性与赔偿纳入单一的公式之中,但缺乏判断可预见标准的具体化方向。采取相当性因果关系是比较可取的,因为相当性因果关系,以事实因果之联结存在为前提,通过具体的价值判断来软化因果关系的事实性,适度限制行为人的责任,具有程度的不同,可以从相当性的程度判断得出责任的量,在判断侵权行为是否具有相关性,可遵循"常人基础上适度增加原则"。[⑧] 在虚假仲裁中,即体现为根据理性人拥有的全部知识、案件发生时处于当事人位置上理性之人可以获得的知识,再加上虚假仲裁发生时当事人已获得的知识为判断标准。一方面,与等值理论相比,相当因果关系的运用可以降低案外人对违法行为与损害结果之间存在因果证明难度;另一方面,与可预见说相比,相当因果关系的

① 王泽鉴:《侵权行为》,北京大学出版社2009年版,第61页。
② 程啸:《侵权责任法教程》,中国人民大学出版社2017年版,第28页。
③ [德]多伊奇、阿伦斯:《德国侵权法》,叶铭怡、温大军译,中国人民大学出版社2016年版,第39页。
④ 张新宝:《侵权责任法》,中国人民大学出版社2016年版,第26页。
⑤ 王利明、杨立新等:《民法学》,法律出版社2017年版,第883~884页。
⑥ [德]克雷斯蒂安·冯·巴尔:《欧洲比较侵权行为法》(下卷),张新宝、焦美华译,法律出版社2004年版,第528页。
⑦ 王泽鉴:《侵权行为》,北京大学出版社2009年版,第180页。
⑧ 叶金强:《相当因果关系理论的展开》,载《中国法学》2008年第1期。

运用可以更有效地判断是否成立侵权责任,限制仲裁当事人的侵权责任范围,防止案外人主张的侵权责任范围过大,甚至假借存在虚假仲裁为由提起侵权之诉损害依法仲裁当事人的合法权益。过错属于行为人主观心理状态,虚假仲裁当事人的过错为故意。根据主观判断标准,故意以行为人的注意能力判断过错的有无;在客观判断标准下,则通过一般的理性人为标准判断是否存在故意。[①] 实际上,行为人内心的主观活动方式往往无法直接探知,被告的行为与其个人的性格、知识、经验和能力不相协调也难以证明,主观判断标准的适用使得原告的证明责任极其沉重。[②] 因此,可采用客观标准,以理性人为基础进行判断,综合案件事实对过错的认定。统而言之,虚假仲裁的因果关系及故意的认定,属于行为人的内部心理状态与事物的内在逻辑,并无客观的外在表现,在判定时,只能通过引入理性人的一般概念,结合行为人在案件发生时所处的环境,进行客观化判断。

Research on Tort Remedy of Arbitration Outsiders' Rights and Interests in Fraud Arbitration(Ⅰ)

By Xian Jinghong

Abstract: In our country, the remedy system of execution set up in civil procedure law and the judicial review system of arbitration award fail to guarantee the rights and interests of arbitration outsiders in fraud arbitration. The system of non – enforcement of arbitration award applied by outsiders widens the scope of proper proposer. However, it's a pity that the system only focuses on the remedy in the phase of execution. Tort remedy is able to cover the shortage. According to article 6 of the Tort Law, the outsiders may initiate the tort action to protect the interests of the parties.

Key words: Arbitration Outsiders' Rights and Interests　Tort Remedy　Res Judicata　Pre – determination Effect

(责任编辑:吴允杨)

① 马栩生:《比较法视野下故意侵权理论体系之构建》,载《比较法学》2010 年第 4 期。

② 张民安:《过错侵权责任制度研究》,中国社会科学院 2002 年博士学位论文。

仲裁研究　第四十四辑

国际商事仲裁

外国法查明中当事人查明责任被扩大化的问题研究及其矫正

田佳平*

内容提要　外国法查明是解决涉外民商事纠纷的前提,我国出台的《涉外民事关系法律适用法》及其司法解释对此都作出了相关规定。但由于我国立法中对外国法查明主体的责任分配规定不明,导致在司法实践中出现当事人的外国法查明责任被扩大化的问题,从而引起"无法查明外国法"的案件频出,不仅无法维护当事人的合法权益,也使《涉外民事法律适用法》无法得到有效适用。为了对此问题进行矫正,一方面要进一步完善我国外国法查明责任分配的立法,另一方面要完善查明外国法的途径,此外还要对法院认定"无法查明外国法"进行限制,只有这样才能达到有效解决涉外民事纠纷并维护好当事人合法权益的立法目的,保证我国涉外民商事审判的公正性。

关键词　外国法查明　司法实践　当事人查明责任　法院查明责任

外国法查明制度在国际私法领域处于基础性地位,涉外民商事纠纷能否正确适用外国法从而得到有效解决也以外国法的查明情况为前提。我国在《涉外民事关系法律适用法》第 10 条(以下简称第 10 条)中规定了外国法查明规则,并在《涉外民事关系法律适用法司法解释》第 17 条(以下简称第 17 条)中对其作出进一步规定。根据我国对外国法查明规则的相关立法可知,我国外国法查明责任的主体有当事人、人民法院、仲裁机构以及行政机关,其中主要是由法院和当事人承担查明外国法的责任且以法院查明外国法为主导。但立法并没有对这些主体的外国法查明责任进行具体的分配,以致各主体查明责任不清,在司法实践中甚至出现了当事人查明责任单方面被扩大化的问题,从而进一步导致法院滥用"外国法无法查明"而直接适用本国法的案件频出,不仅无法保障当事人的合法权益,也导致《涉外民事关系法律适用法》无法得到有效适用。

一、当事人查明责任被扩大化的现状

我国涉外民商事案件中,存在很多无法查明外国法而直接适用本国法的案件,其无法查明的理由大多与当事人承担外国法查明责任有关。在司法实践中,法官大多以事务繁忙、司法成本过高、不了解外国法等理由对查明外国法持消极态度,并根据第 17 条的规定将"当事人提供"作为其主要的外国法查明途径,在当事人无法提供外国法或者其提供的外国法无法得到采信时则认定外国法无法查明而简单适用本国法,并且没有阐述相关的理由。根据我国有关外国法查明的

* 深圳大学法学硕士。

立法可知，我国是以法官查明为主，当事人负有协助义务的外国法查明模式。本应由法院承担主要的外国法查明责任，在实践中当事人却成为查明外国法的主要主体，由此可见当事人的外国法查明责任在司法实践中被扩大化了。

二、当事人查明责任被扩大化的不利影响

（一）大量外国法无法查明

根据表1可知抽样的50个典型案例中[①] 80%以上的案件都适用了中国内地的法律，反观适用外国法律的案件不及20%，两者相去甚远。而根据表2可知因为无法查明外国法而适用本国法律的案件高达36件，其中大多与当事人查明外国法相关。由此可见，我国在外国法查明的过程中已经开始出现滥用“外国法无法查明”而直接适用本国法的现象。

表1　涉外民商事案件适用法律情况[②]

类别	案件数量（件）	比例（%）
适用中国内地法律	41	82
域外法律*	6	12
国际公约	1	2
同时适用中国内地法律和外国法律	1	2
同时适用中国内地法律和国际公约	1	2

表2　无法查明的外国法案件统计[③]

单位：件

无法查明外国法的案件	当事人未提供	当事人未提供 且法院也无法查明	当事人虽提供 但未得到法院采信	未说理
36	15	8	11	2

这种现象的出现与当事人的外国法查明责任被扩大化不无关系。当事人相对于法院而言，本身不具有较高的法律素养，而外国法的查明不是简单收集外国法条文资料，而是要对外国法律进行正确的理解和适用，这对于当事人而言存在较大困难，而且当事人的外国法查明途径较少，也进一步增加了其查明外国法的难度。此外，立法对当事人查明外国法的合理期限、证据形式以及解释意见的要求均不明，导致其查明的外国法不易得到法院采信。在此背景下，司法实践中还将当事人的外国法查明责任扩大化，换言之，就是把“无法查明外国法而直接适用本国法”的现象

① 将调查收集的近千宗涉外民商事案件根据案由分为民事、商事和海事案件，然后从中筛选出50宗最为典型的案例。另外，基于中国法院所审理的涉外民商事案件在数量上存在地区差异的重要事实，采取了分层抽样法，以地区为分层变量，其中北京、上海、广东、浙江等省市的案例选取量相比其他省市较多，以使随机抽样的案例尽可能地反映中国国际私法司法实践的实际状况。具体而言，在所选取的案例中，北京市7件、广东省10件、浙江省8件、上海市4件、福建省3件、四川省3件、江苏省3件、湖北省3件、天津市2件、湖南省2件、重庆市1件、山东省1件、河南省1件、新疆维吾尔自治区1件、广西壮族自治区1件。

② 转引自黄进、连俊雅、杜焕芳：《2014年中国国际私法司法实践述评》。

* 此处包含我国香港特区、澳门特区法律，以及台湾地区“法律”。

③ 转引自卜璐：《无法查明外国法：认定标准和滥用防控》，载《苏州大学学报》（法学版）2016年第3期。

扩大化,这本身就是不合理的。

(二)损害当事人的合法权益

涉外民商事案件中被认定为“无法查明外国法”而直接适用本国法的案件越多,当事人的合法权益就越不能得到保障。当事人出于维护自己的合法权益才选择适用外国法,但却因为被法院认定为无法查明而直接适用了本国法,这是违背当事人初衷的选择也是对当事人不利的决定。虽然让当事人主动查明外国法不仅能够调动当事人为自己的案件负责的积极性,还能避免出现当事人在既不享有提供外国法的权利又不承担查明外国法义务的前提下承担外国法查明不能的后果①。但是不同于法院依职权查明的外国法可以在案件中直接得到适用,法院在认定当事人查明的外国法能否适用时还要审查其查明外国法的合理期限、证据形式以及解释意见是否符合要求,由当事人查明的外国法与法官依职权查明的外国法相比不易得到适用,换言之,由当事人查明外国法时更容易被认定为“无法查明”。因此,强加于当事人过多的外国法查明责任也就意味着增加了查明的外国法不被适用的可能性,从而无法维护当事人的合法权益。

(三)《涉外民事关系法律适用法》无法得到有效适用

根据《涉外民事关系法律适用法》第 1 条②规定可知其立法目的是合理解决涉外民事争议并维护当事人的合法权益。但是由于立法中存在一定的缺漏,即没有明确规定法院和当事人之间查明外国法责任的具体情形,导致在司法实践中法院经常以案多人少,司法任务繁重,办案经费有限等理由习惯将外国法查明的责任推给当事人,导致当事人承担更多的查明责任。

根据表 1 可知大多涉外民商事案件在法律适用上还是适用了本国法而非外国法,除了当事人选择适用本国法之外,更多适用本国法的案件则是由于无法查明外国法才适用了本国法。由此可见我国的《涉外民事关系法律适用法》并没有在司法实践中实现其立法目的,也没有得到恰当而合理的适用。当事人承担的查明外国法的责任被扩大化,法院依职权查明外国法的责任就会被缩小化,这与第 10 条中体现的以法院为主导查明外国法的立法初衷是相违背的。外国法无法得到正确适用,当事人的合法权益无法得到保障,《涉外民事关系法律适用法》也就无法充分合理地发挥其解决涉外民商事纠纷的效能。

三、当事人查明责任被扩大化的原因分析

(一)查明责任分配的立法缺漏

根据第 10 条③以及第 17 条④规定可知,当事人只在以下两种情况下成为外国法查明主体并承担外国法查明责任,一是当事人选择适用外国法律,二是人民法院要求当事人提供外国法律。除此之外,当事人是不能主动承担外国法查明责任的。由此可见,在外国法查明过程中法院要承担查明外国法的主要责任,而当事人承担协助义务。但是由于立法中没有明确规定在何种情况下由法院依职权查明外国法,在何种情况下由当事人查明外国法,法院和当事人之间查明责任的界限不清,容易造成当事人和法院互相推诿责任,而法院经常根据第 17 条将查明责任强加于当

① 孙建:《中美外国法查明义务分担问题比较研究》,载《南开学报》(哲学社会科学版)2015 年第 1 期。

② 为了明确涉外民事关系的法律适用,合理解决涉外民事争议,维护当事人的合法权益,制定本法。

③ 涉外民事关系适用的外国法律,由人民法院、仲裁机构或者行政机关查明。当事人选择适用外国法律的,应当提供该国法律。

④ 人民法院通过由当事人提供、已对中华人民共和国生效的国际条约规定的途径、中外法律专家提供等合理途径仍不能获得外国法律的,可以认定为不能查明外国法律。

事人，从而导致当事人的查明责任被扩大化。

（二）司法实践中确立了“当事人主义”外国法查明模式

我国的外国法查明模式经历了一个发展的过程，《最高人民法院关于贯彻执行〈中华人民共和国民法通则〉若干问题的意见（试行）》第193条[①]中没有对我国外国法查明模式作出明确规定；2005年最高人民法院印发的《第二次全国涉外商事海事审判会议纪要》第51条中体现了当事人负主要查明责任，法官辅助的外国法查明模式；2007年《最高人民法院关于审理涉外民事或商事合同纠纷案件法律适用若干问题的规定》第9条和第10条体现了当事人主义与混合查明模式相结合的外国法查明模式；第10条则体现了法官依职权查明，当事人负以协助义务的外国法查明模式。

根据第10条的规定可知，我国在立法上对外国法查明中外国法的性质认定采取的是“特殊法律说”，即把外国法看作特殊的法律，原则上法院承担查明外国法的责任，但必要时也可要求当事人协助[②]。与之相对应，在采取“特殊法律说”的基础上，我国所采取的外国法查明模式是以法官查明为基础，当事人负有协助义务的查明模式。无论是对外国法性质的认定还是确立的外国法查明模式，究其根源都是由我国“法官职权主义”的诉讼模式决定的。我国是典型的大陆法系国家，与英美法系的抗辩式诉讼中当事人占主导地位相比，我国的诉讼程序中法官占据主导地位，依职权查明案件，因此在外国法查明的立法中也是如此。

但在司法实践中，我国对外国法性质的认定采取的却是“事实说”，即由当事人自己证明外国法，与之相对应，我国的外国法查明模式也充满了浓厚的当事人主义色彩，即当事人承担主要的外国法查明责任。可见我国有关外国法查明模式的立法与司法实践存在较大的出入，换言之，在立法上规定本应由法院承担主要的外国法查明责任，在实践中当事人却成为主要的外国法查明责任主体，可见当事人的外国法查明责任被迫扩大化了。

（三）法院怠于查明外国法

根据第17条以及第193条的规定，法院有多个查明外国法的途径，并且没有规定必须穷极所有的查明途径之后仍无法查明才可以适用我国法律，即法院可以依职权主动查明外国法，也可以将外国法查明责任转移给其他查明主体，自己不主动承担外国法查明的责任。

此外，在司法实践中，只要法院所选择的查明途径之一无法查明则可以适用我国法律，而其中“由当事人提供”则是最便捷因而也是法院最常采用的外国法查明途径。而通过“当事人提供”这一途径无法查明外国法时，法院也不会再采取其他的途径查明外国法而是直接认定“外国法无法查明”从而适用本国法。

虽然法院是根据法律规定合法地将外国法查明责任转给了当事人，但实际上却是法官怠于依职权查明外国法，对查明外国法持消极态度而作出的逃避查明外国法负担的选择。法官认为涉外民商事诉讼一般只涉及当事人的利益，而法院案多人少，司法任务繁重，办案经费有限，所以习惯将外国法查明的责任推给当事人，最终导致当事人承担更多的查明责任。而法官逃避查明外国法的责任，在涉外民商事审判过程中对外国法的查明不是积极主动而是消极懈怠，这对于外

① 对于应当适用的外国法律，可通过下列途径查明：(1)由当事人提供；(2)由与我国订立司法协助协定的缔约对方的中央机关提供；(3)由我国驻该国使领馆提供；(4)由该国驻我国使馆提供；(5)由中外法律专家提供。通过以上途径仍不能查明的，适用中华人民共和国法律。

② 李莹雪：《论我国外国法查明制度的完善》，载《时代金融》2013年第6期。

国法在我国的适用会构成致命的伤害①。

四、矫正措施

(一)完善外国法查明责任分配的立法

以《深圳前海合作区人民法院域外法查明办法》(以下简称《办法》)为例,《办法》中第5条②明确规定了人民法院依职权查明外国法的情形,在第8条③和第9条④中则对当事人在查明外国法时的合理期限以及可以在适当情形下提请法院协助作出规定。因此可以借鉴《办法》中将法院依职权查明外国法的情形以罗列的方式将法院与当事人之间承担外国法查明责任的界限明晰,从立法上确定法院查明外国法的具体职责,以防止司法实践中当事人的外国法查明责任被扩大化。

此外,可以将法院认定当事人查明的外国法能否得到适用的标准如合理期限的标准、证据形式的标准以及解释意见的要求进行细化规定,避免出现法院随意认定当事人查明的外国法不能够适用的情况,以维护当事人的合法权益。

(二)完善外国法查明途径

1. 建立外国法查明的专门机构

随着外国法查明制度的发展,我国已经初步建立了一些外国法查明的专门机构。2014年11月3日,宁波市中级人民法院与华东政法大学签订合作协议,建立涉外民商事审判中委托法律专家查明外国法机制。2014年12月,上海市高级人民法院与华东政法大学签订外国法查明专项合作协议,并成立了华东政法大学外国法查明研究中心。2015年1月19日,最高人民法院民四庭和中国政法大学共建的最高人民法院民四庭外国法查明研究基地暨中国政法大学外国法查明研究中心在北京成立。2015年9月20日,“中国港澳台和外国法律查明研究中心”“最高人民法院港澳台和外国法律查明基地”“最高人民法院港澳台和外国法律研究基地”(以下简称“一中心两基地”)落户前海。

这些依托科研院所建立的由高等院校或者法学研究机构设立的外国法查明的专门机构,充分利用了我国科研院所中的学术资源,不仅能为各个外国法查明主体在外国法查明的过程中提供准确合理的建议和意见,更能够快速高效解决外国法查明问题,最终保障涉外民商事案件的公正裁判⑤。

2. 完善专家意见制度

第17条中规定的外国法查明途径之一就是由中外法律专家出具意见书。而选择国外专家还是国内专家,在个案中有所不同,但总体而言由于国外专家更熟知也更能准确查明和解释他们

① 肖芳:《我国法院对“外国法无法查明”的滥用及其控制》,载《法学》2012年第2期。

② 出现以下情形之一,人民法院应依职权查明域外法:(一)案件准据法是我国缔结或者参加并已对我国生效的国际条约;(二)我国法律和我国缔结或参加的国际条约没有规定时,法院主动适用的国际惯例;(三)根据我国冲突规范指引适用的域外法,且该域外法并非当事人意思自治选择的法律;(四)法院对当事人提交的域外法履行审查职责时,认为有必要进一步查明域外法内容的。

③ 当事人自行选择适用域外法的,当事人应当提交域外法相关内容,人民法院可要求当事人在合理期限内提交。当事人在人民法院指定的合理期限内有正当理由不能提供域外法时,根据当事人申请,人民法院可以适当延长期限。

④ 当事人认为需要通过与我国订立司法协助协定的缔约国的中央机关提供域外法或者通过使领馆查明域外法的,可以提出申请,人民法院经审查认为启动当事人申请的域外法查明途径为案件所必需的,应当依照有关程序办理。

⑤ 马擎宇:《从司法审判实践角度完善我国的外国法查明制度》,载《南阳师范学院学报》2011年第7期。

母国的法律，考虑到证明的质量问题，国外专家优于国内专家，在司法实践中也大多选择国外专家出具相关外国法意见书。

同时我国也应进一步完善抗辩制的诉讼模式，从法律上对专家科以专家的法律责任，在不损害当事人合法权益的前提下保障在涉外民商事审判过程中充分有效发挥专家证人在查明外国法方面的积极作用①。

（三）对法院认定"无法查明外国法"进行限制

法院在承担外国法查明责任时应秉承"充分努力"原则②，一方面要依职权积极主动地查明外国法；另一方面通过多种查明外国法途径进行外国法查明时，尽可能地通过两个或两个以上的途径进行查明，不能仅仅通过一个途径无法查明外国法就得出"无法查明外国法"的结论，并且在外国法查明途径的选择上必须减少对当事人的依赖。

法院在认定"无法查明外国法"而适用本国法时，要在判决书中阐述相关理由，并对此条款在个案中的适用尽到足够谨慎的义务，避免随意认定"无法查明法国法"而简单适用本国法。此外，对于不同的涉外民商事案件，法院可按个案的不同对外国法的查明采取灵活标准，具体问题具体分析，使每一个涉外民商事纠纷都能得到合理有效的解决。

综上分析可知，一方面虽然我国的立法中确立了法官依职权查明外国法，当事人予以协助的外国法查明模式，但查明责任分配不明；另一方面在司法实践中，法院消极查明外国法，不积极履行其依职权查明外国法的责任，一味把查明的义务强行推给当事人，导致频频出现"无法查明外国法"的案件。这不仅不利于维护当事人的合法权益，也违背了《涉外民事法律适用法》的立法目的，亟须得到矫正。

因此必须将我国"法官查明为主，当事人负有协助义务"的外国法查明模式落实到实践中，明确法官和当事人特别是法官依职权查明外国法的责任，对其责任分配进行细化，同时完善外国法查明过程中的方式与途径，从而在有效解决涉外民事纠纷的同时积极保障当事人的合法权益，提升我国的涉外民商事审判法律适用水平，保证我国涉外民商事审判的公正性。

Study on the Problem of Expanding the Responsibilities of Foreign Law Ascertainment of Parties and its Correction

By Tian Jiaping

Abstract: Ascertainment of foreign law is the precondition to resolve foreign – related civil and commercial disputes. "the Law of the Application of Law for Foreign – related Civil Relations and the Interpretation of the Supreme People's Court on Several Issues concerning the Law of the Application of Law for Foreign – related Civil Relations" both have made provisions. However, the responsibilities of foreign law ascertainment of parties have been magnified because the distribution of responsibilities of the main body of ascertainment of foreign law is unclear, which results in the abuse of the failure to prove foreign law. So that lawful rights and interests of parties have been infringed and "the Law of

① 焦燕：《我国外国法查明新规之检视——评〈涉外民事关系法律适用法〉第10条》，载《清华法学》2013年第2期。

② 人民法院在审理涉外民商事案件需要适用域外法时，秉持充分努力原则查明域外法。

the Application of Law for Foreign – related Civil Relations" can not be applied effectively. In order to correct this, on the one hand, we should further perfect the legislation of the distribution of responsibilities of the main body of ascertainment of foreign law. On the other hand, we should perfect the way to prove foreign law. Besides, regulating the identification of the failure to prove foreign law is also important. Only by these methods, can we achieve the goal of resolving foreign – related civil and commercial disputes and protecting lawful rights and interests of parties and ensure the impartiality of foreign – related civil and commercial trial.

Key words: Ascertainment of foreign law　Judicial practice　Foreign law ascertainment obligation of parties　Foreign law ascertainment obligation of courts

(责任编辑:张　佳)

《仲裁研究》注释体例

一、文中注释一律采用脚注,每页分别编号为①、②、③,标注于引文的右上角、标点符号之后。

二、注释参考体例

(一)著作类

①谭兵:《中国仲裁制度研究》,法律出版社 1995 年版,第 65 页。

②杨贤坤、邓伟平主编:《澳门法律研究》,中山大学出版社 1997 年版,第 178 页。

(二)论文类

①余先予、朱世强:《关于香港与内地仲裁裁决承认与执行问题》,载《政治与法律》1998 年第 6 期。

(三)文集类

①杜颖:《论商品化权》,载梁慧星主编:《民商法论丛》(第 13 期),法律出版社 2000 年版,第 23 页。

(四)译作类

①[英]梅因著:《古代法》,沈景一译,商务印书馆 1984 年版,第 102 页。

(五)报纸类

①蒋集跃:《裁判文书改革刻不容缓》,载《人民法院报》1999 年 6 月 5 日第 5 版。

(六)辞书类

①《辞海》,上海辞书出版社 1979 年版,第 932 页。

(七)外文类

从该文种注释习惯。

三、其他

(一)注释应当确有必要,力求准确,便于检索。

(二)直接引用外文资料,注释可直接注明该外文资料出处,如系转引,则应将转引文献出处一并列出。

(三)转引文献时,应先注明原始文献之相关信息,再注明转引所据之文。

(四)引文出自网络文章时,应注明完整的网址。

约稿启事

《仲裁研究》是中国广州仲裁委员会创办的一份主要研究仲裁理论与实务问题的学术性连续出版物,面向全国公开发行,旨在为国内外法学界、仲裁界的专家、学者们提供一个交流的平台。为把本出版物办出高质量、高水平,在此我们真诚地约请国内外法学界、仲裁界及所有关注中国仲裁事业的专家、学者惠赐稿件。来稿一经采用,稿酬从优。现将有关事宜说明如下:

1. 稿件字数控制在5000~10000字,请以电子邮件方式投稿,附寄打印稿一份。

2. 来稿请注明作者姓名、单位、职称(或职务)、学位、研究方向、联系电话、通信地址、邮政编码、E-mail等,便于沟通。

3. 来稿须有200字以内的内容提要和3~8个关键词,并将标题、内容提要、关键词的英文翻译附于文末,注释应当符合本出版物注释体例。

4. 本编辑部有权对来稿作出适当修改,稿件一经采用,将向作者发出用稿通知。来稿恕不退回,请自留底稿。

5. 本编辑部将在收到稿件之日起两个月内回复,若在两个月内未收到回复,作者可自行处理。

6. 本出版物反对抄袭,来稿文责自负,请勿一稿多投,一经发现将不予采用和支付稿酬。

来稿请寄:广州市沿江中路298号江湾商业中心17楼《仲裁研究》编辑部收

邮编:510100

电话:(020)83282846

传真:(020)83283773(请注明"《仲裁研究》编辑部"收)

联系人:谢俊杰

E-mail:zcyj@ gzac. org

声　明

一、本书所刊载的文章仅代表作者个人观点，并不必然反映中国广州仲裁委员会及本书编辑部的观点。

二、为适应我国信息化建设，扩大《仲裁研究》及作者知识信息交流渠道，《仲裁研究》已被CNKI中国期刊全文数据库和律商网收录，其作者文章著作权使用费与本连续出版物稿酬一次性给付。如作者不同意文章被收录，请在来稿时向《仲裁研究》编辑部声明，《仲裁研究》编辑部将做适当处理。

中国广州仲裁委员会东莞分会简介

为进一步推进仲裁事业的发展，充分发掘仲裁资源，并更好地为东莞地区经济服务，中国广州仲裁委员会积极响应国务院法制办“进行二次创业，实现可持续发展”的号召，作出成立中国广州仲裁委员会东莞分会的战略决策。经广东省人民政府法制办公室批准，东莞市人民政府同意，中国广州仲裁委员会于2005年11月19日在东莞市成立了“中国广州仲裁委员会东莞分会”。

中国广州仲裁委员会经过十年的发展，需要走向一个更高的发展平台。中国广州仲裁委员会是依据《中华人民共和国仲裁法》，于1995年8月29日正式组建的。自成立以来，中国广州仲裁委员会一直遵循独立、高效的原则，以仲裁方式公正、及时地解决平等主体的自然人、法人和其他组织之间发生的各类民商事纠纷。通过不断强化仲裁纪律、完善仲裁程序和强调仲裁服务意识，中国广州仲裁委员会以中立、公正的工作立场，以及轻松、便捷的工作方式和热情、周到的工作态度赢得了社会各界的广泛赞誉。经过十年的发展，中国广州仲裁委员会共受理各类民商事案件一万多起，涉案标的两百多亿元人民币，受理案件和审结案件的数量和质量一直位于全国仲裁机构前列，实现了跨越式发展。目前，中国广州仲裁委员会已成为中国最具规模和影响力的仲裁机构之一。

中国广州仲裁委员会东莞分会的成立就是中国广州仲裁委员会进行“二次创业”的一个重要举措，其实现仲裁规模化和树立仲裁品牌的必然结果。作为广州地区唯一的民商事仲裁机构，中国广州仲裁委员会意识到在全国仲裁机构进入“二次创业”的阶段浪潮中，要进一步扩大竞争优势，成为中国南方的仲裁中心和国际知名的仲裁机构，就不能把服务范围局限于广州市的范围内，必须充分发挥仲裁不受地域限制的优势，充分挖掘珠三角地区的仲裁资源，实现可持续发展。经过深入的调查研究，中国广州仲裁委员会的决策者们认为：经过二十多年的发展，东莞以国际性加工制造业为主的外源型经济模式和相应的经济体系已经具有较大的规模，东莞已成为华南地区经济最活跃的城市之一，东莞的各种经济活动主体对快捷解决经济纠纷的仲裁途径有迫切的需求；而且根据国务院的相关通知，今后暂缓设立新的仲裁机构，所以东莞作为不设区的地级市尚不能组建新的仲裁机构，在专业民商事仲裁机构存在空白的情况下，中国广州仲裁委员会东莞分会的成立将在一定程度上适应东莞外源型经济特色，为东莞企业的发展壮大、为东莞经济的深入发展提供适应国际潮流的仲裁法律服务。

新成立的东莞仲裁分会与总会一样，是依法独立行使仲裁权的非营利性机构，使用相同的仲裁规则和仲裁员名册，享有同一的仲裁管辖权。东莞仲裁分会的背后是一支强大的仲裁员队伍。除了包括东莞地区多名资深律师、大学教授以及享有盛誉的退休法官担任仲裁员外，还荟萃国内外及中国香港、台湾地区法律、经济等专业领域的著名专家学者和各行业权威人士，仲裁员人数已超过500人。顺应知识信息的剧增、社会化分工日益精细的趋势，中国广州仲裁委员会及其东莞分会适时而变，在消费、金融、证券期货、旅游、科技、医疗、体育、电子商务等专业领域积极探索运用仲裁方式，有针对性地培育、建立专家仲裁员，制定专业领域的特别仲裁规则。为提高仲裁员工作效率和保证仲裁案件质量，中国广州仲裁委员会及其东莞分会还建立了一支精干高效的办案秘书队伍。这些办案秘书都是通过国家统一司法考试的研究生或海外留学归来人员，具有很强的理论研究能力和工作实践能力，完全能够胜任办理涉外案件的需要。

东莞仲裁分会在仲裁理论知识方面也有拥有充沛的资源。仲裁制度的完善、仲裁理论的繁荣是仲裁事业发展的关键因素和必要条件。科学的仲裁理念和系统的仲裁理论支持，是中国广州仲裁委员会取得成功的重要经验，也是东莞仲裁分会不断发展壮大的软性条件。中国广州仲裁委员会成立了专门的仲裁理论研究机构，编辑出版在仲裁界有广泛影响的《仲裁研究》杂志、《仲裁文集》和《仲裁案例选编》等专业书刊，在仲裁理论创新和发展发面作出了有目共睹的贡献。这些理论研究成果和理论研究队伍，将为东莞仲裁分会提供最先进的仲裁理论和智力支持。另外，以中国广州仲裁委员会为背景的广州仲裁网和中国商事仲裁网都是信息量大、覆盖面广且独具特色的专业化的网站，这些网站都是东莞仲裁分会所依托的理论信息传播交流平台。

东莞仲裁分会除了人才上和知识上的优势外，在物质条件上也得到总部的大力支持。东莞仲裁分会为最大限度地降低仲裁成本，提高仲裁效率，保证仲裁庭审的客观公正，率先引进了庭审数字记录智能处理系统。该系统采用先进的数字音/视频处理技术，通过多拾音点、多轨道的现场音/视频处理，形成多媒体记录文档，使庭审过程得到微观记录，能够完整还原庭审过程，开庭结束后，还可以立即将记录数据刻录成加密光盘，通过对上述系统信息汇总综合，仲裁员可以轻松驾驭案件审理的每个步骤，达到公正、高效、客观，仲裁庭审活动的公正性和客观性得到最大限度的保证。另外，东莞仲裁分会还建立先进的网络系统，通过该网络系统的智能处理平台在广州本部与东莞分会建立连接，整合各项庭审设备和辅助办公系统，有效地优化利用办公资源，真真正正地实现“无纸化”和“网络化”办公。

中国广州仲裁委员会已经创造了属于自己的成功和辉煌，东莞分会的成立也将秉承中国广州仲裁委员会的一贯原则、公正、高效、便捷地为东莞各经济主题服务，树立良好的仲裁口碑。依托中国广州仲裁委员会的品牌优势和一支由优秀仲裁员和办案秘书组成的工作队伍，再加上扎实的仲裁理论资源支撑和科学先进的庭审设备的软硬件支持，东莞仲裁分会将为仲裁事业的美好未来书写新的篇章。

中国广州仲裁委员会东莞分会的联系方式：

地址：东莞市南城区元美路 2 号财富广场 B 座 18 楼

邮编：523072

案件受理咨询电话：(0769)22857262

传真：(0769)22855972

中国广州仲裁委员会中山分会简介

为进一步推进仲裁事业的发展,发挥仲裁不受地域管辖的优势,并更好地为中山地区经济服务,经广东省人民政府办公室批准,中国广州仲裁委员会于2006年9月22日在中山成立了"广州仲裁委员会中山分会"。中山仲裁分会的成立填补了中山市专业民商事仲裁机构的空缺,为中山地区的各类经济活动主体解决各种经济纠纷提供了一条便捷的途径,为中山投资环境和法治环境的完善发挥了积极作用。

中山仲裁分会与总会一样,是依法独立行使仲裁权的非营利性机构,使用相同的仲裁规则和仲裁员名册,享有同一的仲裁管辖权。中山仲裁分会除了与总会分享一支500多人的仲裁员队伍以外,还聘请了中山地区的资深律师、大学教授以及享有盛誉的退休法官担任仲裁员,并率先引进了庭审数字记录智能处理系统和其他先进的硬件设备,使仲裁工作的公正和效率有了强有力的物质保障。

中国广州仲裁委员会已经创造了属于自己的成功和辉煌,中山分会的成立也将秉承中国广州仲裁委员会的一贯原则,公正、高效、便捷的为中山各经济主体服务,树立良好的仲裁口碑。依托中国广州仲裁委员会的品牌优势和一支由优秀仲裁员和办案秘书组成的工作队伍,再加上扎实的仲裁理论资源支撑和科学先进的庭审设备的软硬件支持,中山仲裁分会将为仲裁事业的美好未来书写新的篇章。

中国广州仲裁委员会中山分会的联系方式:

地址:中山市东区长江北路18号中山商事仲裁大楼3楼

邮编:528400

案件受理咨询电话:(0760)88162168

传真:(0760)88162165

中国南沙国际仲裁中心简介

中国南沙国际仲裁中心由中国广州仲裁委员会、香港、澳门地区的仲裁机构及法律专家共同组建设立的非营利性的国际商事仲裁平台。为进一步完善市场经济体制和现代社会法治管理格局,增强南沙新区发展的活力和动力,中国南沙国际仲裁中心作为相应的配套设施,旨在为境内外当事人提供优质高效的专业仲裁服务。

中国南沙国际仲裁中心采取行业共建,民主自律的管理模式。由理事会决策、监事会监督、仲裁庭独立行使裁决权,理事会、监事会及仲裁员均由粤、港、澳三地推荐及选聘的法律、经贸领域专家学者组成。决策权、监督权、裁决权三权之间互相支持、相互制约,形成权力独立、循环运行、阳光运作的管理模式。

中国南沙国际仲裁中心提供粤、港、澳三地的仲裁规则及《联合国国际贸易法委员会仲裁规则》供当事人自主选择适用;当事人还可自主选择适用的仲裁语言、香港、澳门的仲裁员及选择不同的开庭地点来处理仲裁事务。仲裁中心提供的多样化选择更尊重当事人的意思自治。

中国南沙国际仲裁中心的联系方式:

地址:广州市南沙区环市大道南 2 号南沙资讯科技园软件楼南 5 楼 502 室

邮编:511458

咨询电话:(020)34681908

传真:(020)34680698

图书在版编目(CIP)数据

仲裁研究. 第四十四辑 / 中国广州仲裁委员会主办
. -- 北京 : 法律出版社, 2019
ISBN 978-7-5197-3026-0

Ⅰ. ①仲… Ⅱ. ①中… Ⅲ. ①仲裁-文集 Ⅳ.
①D915.704-53

中国版本图书馆 CIP 数据核字(2019)第 010008 号

仲裁研究(第四十四辑)
ZHONGCAI YANJIU (DI-SISHISI JI)

中国广州仲裁委员会 主办

责任编辑 韩梦超 周 洁
装帧设计 汪奇峰

出版 法律出版社
总发行 中国法律图书有限公司
经销 新华书店
印刷 中煤(北京)印务有限公司
责任印制 胡晓雅

编辑统筹 司法实务出版分社
开本 880 毫米×1230 毫米 1/16
印张 6.75
字数 100 千
版本 2019 年 12 月第 1 版
印次 2019 年 12 月第 1 次印刷

法律出版社/北京市丰台区莲花池西里 7 号(100073)
网址/www.lawpress.com.cn
投稿邮箱/info@lawpress.com.cn
举报维权邮箱/jbwq@lawpress.com.cn
销售热线/400-660-8393
咨询电话/010-63939796

中国法律图书有限公司/北京市丰台区莲花池西里 7 号(100073)
全国各地中法图分、子公司销售电话:
统一销售客服/400-660-8393/6393
第一法律书店/010-83938432/8433　西安分公司/029-85330678　重庆分公司/023-67453036
上海分公司/021-62071639/1636　深圳分公司/0755-83072995

书号:ISBN 978-7-5197-3026-0　**定价:**30.00 元
(如有缺页或倒装,中国法律图书有限公司负责退换)